멘탈 휘트니스 긍정심리 프로그램

고영건 · 김진영 공저

학지사

들어가는 글

2000년은 뉴 밀레니엄(new millennium), 즉 인류가 두 번째로 맞이하는 '천년'이었다. '새 천년'이 시작되는 시점에, 미국의 심리학회 회장이었던 셀리그만(Seligman) 교수는 21세기에 심리학이 나아갈 방향을 조망하는 작업의 일환으로 『미국의 심리학자 *American Psychologist*』라는 저널에서 '긍정심리학' 특집호를 발간하였다. 이 특집호를 접하자마자, 부부 심리학자인 우리는 직감적으로 긍정심리학이 21세기에 대단히 영향력 있는 학문적 흐름이 될 것으로 확신하였다.

임상심리학을 전공하던 우리는 이러한 세계적인 흐름에 발맞추어 긍정적인 형태의 심리학적인 개입, 즉 정신과 치료와는 달리, 사람들이 부정적인 느낌을 받지 않을 수 있는 심리학 프로그램을 적극적으로 탐색하였다. 심리치료라는 표현이 주는 부정적인 인상을 극복할 수 있는 대안을 찾기 위해 심리학의 역사를 뒤적이던 중, 우리는 동일한 문제의식을 가지고 있던 매카시(McCarthy) 박사가 1964년에 세계 최초로 '멘탈 휘트니스(mental fitness)'라는 개념을 제안했다는 사실을 확인하였다. 멘탈 휘트니스라는 표현은 심리치료에 대한 대안을 찾아 헤매던 우리를 단숨에 사로잡았다.

2001년 3월에 우리는 우리나라 최초의 멘탈 휘트니스 프로그램인 삼성서울병원의 '삼성 멘탈 휘트니스 CEO 프로그램'을 개발하는데 연구원으로 참여하였다. 이것은 '퍼스트 클래스 CEO(First Class CEO) 프로그램'으로서, 하버드 대학의 성인발달 연구에서 성공적인 삶을 산 것으로 공인받은 사람들과 우리나라의 CEO 개인의 삶을 비교하는 심리평가 프로그램이다. 이러한 프로그램을 통해, 멘탈 휘트니스의 잠재적 힘을 확인한 우리는 멘탈 휘트니스 개념에 대한 체계적인 이론화 작업이 필요함을 절감하게 되었다.

고려대학교 심리학과에서 박사 학위를 받은 후 2004년부터, 우리는 예일 대학에서 박사후 연구원으로 일하기 위해 함께 미국으로 떠났다. 3년 반 동안 예일 대학 스털링 기념 도서관(Sterling Memorial Library)의 장서가 주는 학문적인 호사를 경험하면서, 우리는 멘탈 휘트니스의 기본 개념들에 관해 숙고해 볼 수 있는 귀중한 기회를 얻게 되었다. 그 과정에서 우리는 21세기에 멘탈 휘트니스가 심리학을 '인간의 마음과 행동을 이해하는 학문'에 머물지 않고 '인간의 마음과 행동을 변화시키는 학문'으로까지 나아갈 수 있도록 해 줄 수 있을 것이라는 기대감을 갖게 되었다.

그 후 우리는 고려대학교 심리학과와 서울여자대학교 아동학과에 교수로 부임하였고 지난 4년 반 동안 고려대학교, 서울여자대학교, 건강증진사업지원단 및 한국연구재단의 지원에 힘입어 '멘탈 휘트니스 긍정심리 프로그램'을 개발하고 또 그 효과를 다각도로 검증하는 연구를 수행할 수 있었다.

이 책은 멘탈 휘트니스 긍정심리 프로그램을 위한 안내서에 해당된다. 현재 긍정심리학과 관련해서 다양한 저서와 논문이 출판되었지만, 애석하게도 아직까지는 긍정심리학에 기초해 멘탈 휘트니스 프로그램을 체계적으로 소개한 안내서가 출판된 적은 없다.

이 책을 집필하게 된 또 다른 동기는 지금까지 발간된 긍정심리 상담 및 치료 프로그램 소개서들의 약점을 보완하는 것이다. 기존의 긍정심리 프로그램 안내서들은 다음의 두 가지 한계를 갖고 있다. 첫째, 프로그램의 내용이 자기계발서와 너무나 유사한 인상을 준다는 점이다. 둘째, 프로그램의 내용이 기존의 심리치료기법들과 실질적인 차별화를 이루지 못했다는 점이다. 예를 들면, 기존의 긍정심리 상담 및 치료 관련 저술들은 인본주의적 상담기법 또는 인지행동치료에 뿌리를 둔 상태에서 '긍정성'을 이전보다 더 강조하는 수준에 머무르는 경향이 있다. 물론 미출간된 긍정심리치료 관련 비전(秘傳)이 전해지고 있을 가능성도 있겠지만, 출판되지 않은 비전은 비전일 뿐, 공식적인 저술은 아니기 때문에 학문적인 평가를 내리기는 어려워 보인다. 이러한 점들은 긍정심리 상담 및 치료 프로그램이 아직까지 기틀을 충분히 다지지 못한 치료법이라는 인상을 주기도 한다. 이 책을 집필하게 된 것도 바로 긍정심리 상담 및 치료 영역에서의 이러한 약점에 관한 반성적 고찰 때문이었다.

이 책을 집필하는 데는 멘탈 휘트니스 긍정심리 프로그램을 소개하고자 하는 학문적인 이유 이외에도, 우리 부부의 사적인 동기도 영향을 주었다. 이런 점에서 이 책에 담긴 심리학적 사유의 뿌리는

2000년보다도 더 이전으로 거슬러 올라간다.

1998년에 딸아이를 얻은 다음부터 우리는 심리학을 통해 세상을 바꾸고 싶다는 소망을 품기 시작했다. 우리를 꼭 빼어 닮은 딸아이가 커 가는 모습을 곁에서 지켜보면서 언제부터인가 우리의 마음속 한편에서는 특별한 소원이 자라나기 시작했다. 그것은 바로 심리학을 전공한 부모로서 딸아이가 '지금보다 조금 더 나은 세상'에서 살 수 있도록 해 주고 싶다는 것이었다. 아마도 이 세상 모든 부모의 공통된 소망은 자녀가 '사랑하기에 충분한, 그런 멋진 세상'에서 살 수 있도록 해 주는 것일 것이다. 이런 점에서 딸아이는 이 책이 집필되는 데 결정적인 공헌을 했다.

이 책은 오랜 시간 동안 그러한 꿈을 함께 품어 온 우리가 하나 둘씩 발굴해 두었던 멘탈 휘트니스의 기술을 정리한 것이다. 멘탈 휘트니스는 인간의 삶에서 연금술과 같은 효과, 즉 상상 속에서나 존재할 수 있다고 믿는 일들이 실제로 나타날 수 있도록 해 주는 심리학적인 연금술(psychological alchemy)에 해당된다. 미국의 시인 디킨슨(Emily E. Dickinson)은 "만약 내가 한 사람의 상처 입은 가슴을 어루만져 줄 수 있다면, 나의 삶은 결코 헛되지 않으리."라고 노래하였다. 부디 이 책도 그러할 수 있기를 간절히 바란다.

2012년 6월

고영건(고려대학교 심리학과 교수)

김진영(서울여자대학교 아동학과 교수)

감사의 글

이 저서는 지난 4년간 멘탈 휘트니스 프로그램 워크숍에 참여한 후 귀중한 피드백을 주신 고려대학교 교육대학원 선생님들을 비롯한 임상 및 상담 심리학 전공 선생님들의 도움으로 완성된 것이다. 그리고 그동안 멘탈 휘트니스 프로그램 진행자로 활약해 주었을 뿐만 아니라, 프로그램 관련 자료들을 정리하는 데 도움을 준 고려대학교 심리학과의 임상 및 상담 심리학 전공 대학원생들과 서울여자대학교 아동학과의 아동심리학 전공 대학원생들에게도 고마운 마음을 전하고 싶다. 또 프로그램에 적극적으로 동참함으로써 삶의 지혜를 보태 준 멘탈 휘트니스 프로그램 참여자들에게도 진심으로 감사의 뜻을 전하고 싶다. 아울러 이 저술은 2010학년도 서울여자대학교 사회과학연구소 교내학술연구비의 지원에 힘입어 작성되었음을 밝힌다.

지면 관계상 사랑하는 가족을 포함하여 이 책이 완성되기까지 도움을 주신 모든 분들께 감사의 뜻을 전하는 것은 불가능할 것 같다. 하지만 이 글이 저자들을 마음속으로 응원하고 기꺼이 지혜를 빌려주신 모든 분들의 정성이 하나로 모여 제작된 것임에는 두말할 나위가 없다. 물론 이 책과 관계된 모든 허물은 우리의 어리석음 때문에 파생된 것이다. 하지만 우리에게는 무척 다행스럽게도, 긍정심리학적인 마인드를 갖추고 있는 독자라면, 이 책에서 허물보다는 학문적 예지(叡智)를 발견할 것으로 믿어 의심치 않는다.

차 례

01

행복본능

(Born to Be Happy)

01

행복본능

과거에 대한 연구가 제기할 수 있는 모든 고찰 중에서

인류의 행복을 목적으로 하는 것보다 더 아름답고 더 값진 것이 있을까?

-샤스텔르(Chastellux)-[1]

1. 행복의 터닝포인트: 소크라테스적 전회

호머(Homer)에 따르면, "인간은 지상에서 움직이며 숨 쉬는 모든 피조물 중에서 가장 고통스럽고 또 가장 비참한 존재다."[2] 이처럼 인간이 행복한 삶을 사는 것이 불가능하다는 주장은 인간의 역사만큼이나 오래된 것으로 보인다. 역사의 아버지로 불리는 헤로도투스(Herodotus)도 인간은 언제 어떤 일이 어떻게 닥치게 될지 예측하지 못하기 때문에 생존 시에는 진정한 행복감을 경험하는 것이 불가능하다고 하였다.

헤로도투스는 행복의 문제를 논하면서 리디아(Lydia)의 왕 크로이소스(Croesus)와 현자 솔론(Solon)의 일화를 소개하였다. 당대 최고의 부자라는 명성을 갖고 있었던 크로이소스 왕은 자신이 세상에서 가장 행복한 사람이라고 확신하고 있었다. 그는 이러한 믿음을 확인하기 위해 지식을 탐구하고자 세상을 주유하던 현자 솔론을 불러 자신이 세상에서 가장 행복한 사람인지 여부를 가려 달라고 하였다. 그러자 솔론은 크로이소스에게 다음과 같이 답했다.

> "크로이소스, 신이 때로는 질투도 하고 또 인간을 괴롭히기도 한다는 것을 알고 있는 당신이 내게 인간사에 대해 묻는구료. 산다는 것은 원치 않지만 봐야 할 것도 많고 또 겪고 싶지 않은 고통도 많이 겪게 된다는 것을 말하오. 그러니 크로이소스, 인간의 삶이란 자신 앞에 어떤 일이 닥치는가에 전적으로 달려 있소. 당신이 대단한 부자이고 또 많은 사람들을 거느린 왕이라는 건 분명하오. 하지만 당신이 내게 한 질문은 당신이 생을 마감했다는 소식을 듣기 전까지는 결코 내가 답할 수 없는 문제라오."[3)]

스스로 가장 행복하다고 믿었던 크로이소스는 솔론이 떠난 후 솔론이 남긴 말의 진정한 의미를 깨닫는 체험을 하게 된다. 그의 아들은 갑작스런 죽음을 맞이하게 되고, 크로이소스 자신은 전쟁의 재앙에 휩쓸리게 되며, 그의 왕국은 페르시아 군대의 침략으로 파괴된다. 나중에 포로가 되어 장작더미 위에서 한 줌의 재로 사라지게 될 위기에 처하게 되자 크로이소스는 탄식에 찬 목소리로 솔론의 이름을 외치며 살아 있는 자는 그 누구도 결코 행복해질 수 없다고 울부짖는다.

인간이 행복해지는 것이 불가능하다는 이러한 주장은 헤로도투스 이후 약 2000년이 지나서도 계속되었다. 독일의 철학자 헤겔(Hegel)은 인간의 역사에서 행복한 시기는 거의 존재한 적이 없다고 주장하였다. 그는 "역사를 행복이라는 관점에서 고찰하는 것은 가능할 수 있다. 하지만 역사는 행복이 자랄 수 있는 토양을 갖추고 있지 못하다. 역사 속에서 행복한 기간이란 결국 백지로 남겨진 빈 페이지들뿐이다."[4]라고 말했다.

이러한 행복의 역사 속에서 소크라테스(Socrates)는 매우 중요한 위치를 점하고 있는 인물이라고 할 수 있다. 인생의 향방이 신들이 정한 운명에 의해 결정되기 때문에 인간은 행복에 대한 통제력을 가질 수 없는 존재라는 믿음이 널리 유포되어 있던 상황에서, 소크라테스는 단호하게 인간은 행복해지는 것이 가능하다고 주장하였다. 이런 점에서 그의 혁신적인 관점은 '행복에서의 소크라테스적 전회(轉回)'라 불릴 만하다.

소크라테스는 행복의 추구가 자연스러운 인간의 욕망이라고 믿었다. 또 그는 행복이 강력한 힘인 동시에 모든 욕망의 위계에서 최상위에 해당된다고 주장하였다.[5] 소크라테스에 따르면, 욕망은 인간이 자신에게 필요한 것, 즉 자신에게 결핍된 것을 인지함으로써 파생된다. 이런 맥락에서 소크라테스는 인간에게 결핍된 것이 바로 행복이라고 보았다. 왜냐하면 인간은 불완전한 존재이기 때문에 자연스럽게 자족적인 신들만이 보유할 수 있는 행복에 대한 욕구를 갖게 된다는 것이다.

소크라테스는 이러한 인간적 욕망의 위험성에 대해 엄중히 경고하였다.[6] 그에 따르면, 모든 사람에게는 위험하고 거칠며 무법적인 형태의 욕망이 내재해 있다. 소크라테스는 외면상 침착하고 온화해 보이는 사람들도 꿈속에서는 억압되지 않은 욕망들이 활개를 치는 것처럼, 내면의 어두운 본성과 마주하는 순간이 존재할 수 있다고 믿었다. 그렇기 때문에 소크라테스는 행복의 길이 험난한 가시밭길이 될 수밖에 없다고 생각하였다. 이런 점에서 소크라테스에게 행복은 단순히 헤도니즘(hedonism), 즉 쾌락주의를 뜻하지는 않는다. 또 그에게 행복은 단순히 세속적인 가치들을 추구함으로써 얻어지는 것도 아니다.

소크라테스는 행복을 단순히 감각적인 즐거움이나 만족감을 넘어서는 보다 고귀하고 고차원적인 목표로 설정하였다. 이런 맥락에서 그는 우리가 욕망의 최상위 단계에 해당되는 행복감을 경험하기 위해서는 온갖 세속적인 가치물들, 예컨대 부와 명예 등을 포기하고 지혜를 선택할 수 있어야 한다고 믿었다. 소크라테스에 따르면, 인간이 단순히 본능적인 욕망을 충족시키는 것을 통해 행복에 이르는 것은 불가능하다.

소크라테스는 자신의 주장을 입증하기 위한 논거로 다나이데스(Danaides)의 이야기를 소개하였다.[7] 그리스의 신화에 따르면, 다나우스(Danaus)에게는 50명의 딸들, 즉 다나이데스가 있었는데 그들은 살인죄에 대한 벌로 구멍 난 물통에 물을 채우라는 판결을 받았다. 소크라테스는 인간이 욕망을 충족시킴으로써 행복에 도달하기를 바라는 것은 마치 다나이데스가 밑바닥이 없는 물통에 물을 채우려고 시도하는 것과 같다고 보았다.

요약하자면, 소크라테스는 당시의 지배적인 관점과는 대조적으로, 인간이 행복해지는 것이 가능한지에 관한 소모적인 논쟁보다는 행복을 위한 실천적 방법론에 더 큰 관심을 갖고 있었다. 이런 점에서 그는 세상에서 행복을 바라지 않는 사람은 없다고 단언하였다.[8] 또 그는 '왜 인간이 행복을 추구해야 하는가'라는 질문은 할 필요조차 없다고 주장하였다.[9] 왜냐하면 그가 보기에 이러한 문제에 대한 해답은 삶이 시작하는 순간 이미 주어진 것이나 마찬가지였기 때문이다.

2. 악마 트롤의 거울: 행복에 대한 고문

행복에 관한 본격적인 논의에 앞서 먼저, 다음의 질문에 답해 보라. 한때 사람들은 인간의 한 가지 욕구를 설명하기 위해 다음의 단어들을 사용한 적이 있다.

> 창녀, 악마, 키메라(Chimera: 그리스 신화에 등장하는 가공의 괴물), 생지옥

그렇다면 사람들이 앞의 단어들을 사용해서 나타내고자 했던 인간의 욕구는 과연 무엇이었을까? 놀랍게도, 정답은 행복이다. 이런 점에서 로마의 철학자 키케로(Cicero)가 "행복은 요동치지 않을 것이다. 하지만 수없이 고문을 당할 것이다."[10]라고 말한 것은 너무나

도 정확한 예언이라고 할 수 있다. 그의 말은 행복에서의 소크라테스적 전회 이후에 행복이 걸어왔던 가시밭길을 상징적으로 잘 보여준다.

소크라테스와 비슷한 시기에 활동했던 소피스트(Sophist) 중 하나인 프로디코스(Prodicus)는 '헤라클레스(Herakles)의 선택'이라는 유명한 이야기를 남겼다. 그 이야기에 따르면, 헤라클레스는 젊은 시절, 중요한 순간에 상반되는 특징을 가진 두 여인을 만난다. 하나는 순백의 의상을 입은 순결한 여인이었고 다른 하나는 '창녀' 같은 차림의 육감적인 여인이었다. 헤라클레스가 다가가자, 육감적인 여인이 유혹을 하면서 말했다. 그 여인은 헤라클레스에게 자신을 따르면 인생의 모든 달콤함을 맛볼 수 있다고 말했다. 헤라클레스가 이름을 묻자 그 여인은 다음과 같이 답했다. "삶에서 어떤 길을 택할지 고민하고 있는 것 같군요. 내 친구가 되세요. 나를 선택하면, 당신을 가장 즐겁고 안락한 길로 인도할께요. 내 친구들은 나를 '행복'이라고 부르지만, 나를 미워하는 사람들은 나를 '악마'라고 부른답니다."[11)]

이 이야기에 등장하는 순백의 순결한 여인은 '미덕'을 상징한다. 그리고 헤라클레스는 '행복' 대신에 바로 그 '미덕'을 선택한 후 험난한 영웅적 행로를 걸어간다. 그런데 여기에서 중요한 것은 그 이야기에 등장하는 행복에 대한 상징물들이다. '행복'을 상징하는 여인에게 붙여진 호칭은 다름 아닌 '창녀'와 '악마'였던 것이다.

소피스트의 이러한 전통은 대대로 전해져 염세주의 철학자 쇼펜하우어(Schopenhauer)에게로 이어졌다. 그에 따르면, 행복은 "갈망의 지평선 위에 있는 의지의 신기루이고 우리 앞을 맴도는 주된 생각이며 키메라"[12]에 해당된다. 그렇기 때문에 그는 우리가 행복해지기 위해서 존재한다는 발상은 단지 착각에 불과하며 그러한 잘못된 믿음은 살다 보면 자연스럽게 떨쳐 버리게 될 미망(迷妄)에 불과하다고 주장했다. 이런 점에서 쇼펜하우어는 세상이 '본래 가능한 모든 것 중 최악의 형태'이며 그러한 세상 속에서 인간의 삶의 모습은 '지옥의 한 형태'라고 결론지었다.

쇼펜하우어의 뒤를 이은 쇼(Bernard Shaw) 역시 행복에 관해 냉소적인 어록을 남겼다. 그는 "행복으로 가득 찬 평생이라니! 그 누구도 그런 고약한 상황을 참아 내기 어려울 것이다. 그거야말로 생지옥이 아니겠는가?"[13]라고 말했다.

아마도 지금까지 행복에 가해진 가장 심각한 '테러'는 행복과 불행이 마구 뒤섞여 버려서 사람들이 더 이상 어떤 것이 행복이고 또 어떤 것이 불행인지를 구분할 수 없게 된 것이라고 할 수 있다. 안데르센(Andersen)의 동화 중에서 최고의 작품 중 하나로 손꼽히는 『눈의 여왕 *The Snow Queen*』은 이러한 상황을 상징적으로 잘 보여준다. 의미심장하게도 그 이야기는 다음과 같은 문구로 시작한다.

> "조심하라! 곧 이야기가 시작된다. 그리고 이 이야기를 다 읽고 나면, 우리는 지금보다 더 많은 것을 알게 될 것이다. 이 모든 것이 다 사악한 '트롤' 때문이다. 그는 바로 가장 나쁜 편에 속하는 악마였다."[14]

어느 날 악마 트롤(troll)은 거울 하나를 막 완성했는데 그 거울은 선하고 아름다운 모습을 무가치한 것으로 그리고 추한 것을 더더욱 흉측하게 왜곡해서 보여 주었다. 제아무리 착하고 상냥한 사람도 그 거울 속에서는 얼굴이 일그러져 보이거나 이상한 행동을 일삼는 기인(奇人)으로 보였다. 또 누군가 아무리 사소한 약점을 가지고 있어도 그 거울은 결점을 침소봉대(針小棒大)시켜 완벽한 괴물로 바꾸어 버렸다.

트롤이 다른 악마들에게 그 거울을 자랑하자 그들은 그 거울을 들고 다니며 사람들을 골려 주기 시작했다. 그 결과, 지상의 모든 사람들 중 그 거울 속에서 형체가 일그러지지 않는 사람은 단 한 명도 없었다. 그 후 악마들은 하늘나라 천사들까지도 괴물로 보이도록 만들기 위해 하늘나라로 올라갔다. 하지만 그들은 도중에 그만 거울을 놓치게 되었다. 결국 거울은 땅으로 곤두박질쳤고 땅에 부딪친 후 수억 개의 조각들로 흩어졌다.

정말로 안 좋은 일은 이 시점부터 일어났다. 이 부서진 거울 조각은 눈에 안 보일 정도로 작은 알갱이로 흩어져 온 세상을 떠다니다가 사람들에게로 날아가 박히기 시작했다. 그 거울 조각이 눈에 박히면, 그 사람은 세상의 모든 것을 불행한 시선으로 바라볼 수밖에 없었다. 그리고 작은 거울 조각 하나가 가슴에 박히면, 그 사람은 심장이 얼음덩어리처럼 변해 결국 차디찬 냉혈한이 되고 말았다.

게다가 사람들 중 일부는 세상을 더 잘 보기 위해서 스스로 그 거울 조각을 가지고 안경을 만들어 쓰기도 하였다. 하지만 그 안경은 사람들이 트롤이라는 악마를 즐겁게 해 주는 일만 하도록 만들었다. 스스로 트롤의 거울로 안경을 만들어 쓴 사람들은 그 이후로 선과 악, 진실과 거짓, 아름다운 것과 추한 것 그리고 행복과 불행을 분별조차 못하게 되었다. 이러한 세상의 모습은 마치 영화 〈앙드레와의 저녁식사 *My dinner with Andre*〉에 등장하는 문제 상황과 유사하다. 그 영화에는 다음과 같은 대사가 나온다. 세상 사람들은 "죄수이자 교도관이다. 그래서 그들은 이제 자신이 만든 감옥을 벗어날 수가 없을 뿐만 아니라 그것이 감옥인지조차 알지 못한다."[15]

3. 애니 홀

앨런(Woody Allen)은 영화 〈애니 홀(Annie Hall)〉을 통해 심술궂은 악마의 거울 사건 이후로 사람들의 내면세계에서 어떤 변화들이 일어나고 있는지를 보여 준다.[16] 이 영화는 1977년에 〈스타 워즈 *Star Wars*〉를 제치고 아카데미 시상식에서 작품상을 수상한 작품이다.

앨런은 자신이 직접 연기한 알비(Alvy Singer)라는 주인공을 통해 트롤의 거울로 안경을 만들어 쓴 사람들의 전형적인 모습을 묘사한다. 알비는 두 번의 결혼에 실패한 뉴욕커(New Yorker)로 오랫동안 정신과 치료를 받았으며 세상을 비관적으로만 바라보았다. 그가 바라보는 세상은 어느 오래된 농담 같은 것이었다.

> 한 휴양지에 두 할머니가 있었다. 그 중 한 할머니는 "여기 음식은 정말 끔찍해."라고 말했다. 그러자 다른 할머니는 "양도 너무 적어."라고 말했다.

알비는 원래 우울한 성격이 아니었고 어릴 적에는 행복했던 아이였다. 하지만 그는 스스로 뉴욕 브루클린(Brooklyn) 지역의 인기 놀이기구인 롤러코스터 아래에서 자랐기 때문에 성격이 불안해졌다고 믿었다. 그에 따르면, 세상에는 '끔찍한 부류'와 '비참한 부류'가 있다. 하층민, 맹인 그리고 장애인은 끔찍한 부류에 속한다. 그리고 그 나머지는 모두 비참한 부류다. 그는 자신의 연인이었던 애니(Annie Hall)가 비참한 부류에 속하기 때문에 운이 아주 좋은 편이라고 주장한다.

알비는 어려서부터 여자를 선택하는 데에 문제가 있었는데, 예를 들면 백설공주를 보러 갔을 때 혼자만 백설공주가 아니라 계모인 여왕을 좋아했다. 그리고 그는 프로이트(Freud)의 표현을 빌리자면, "나 같은 놈 만날까 봐 클럽에도 안 갔다."고 말하는 그런 부류였다.

앨런은 〈애니 홀〉에서 행복에 관한 다음의 대화를 들려준다. 알비는 길가에서 행복해 보이는 커플을 만났을 때, 다음과 같은 대화를 주고받는다.

알비: "매우 행복해 보이는군요, 그렇죠?"

커플: "네."

알비: "비결이 뭔가요?"

여자: "난 머리가 텅 비었고, 아무 생각이 없어요. 말할 만한 것도 없고."

남자: "나도 똑같아요."

알비: "알겠어요. 그래서 행복하게 잘 지내는 거로군요. 그랬군요. 말해 줘서 고마워요."

이것이 바로 트롤의 안경을 쓰고 바라본 행복의 모습이다. 그 영화에서 알비는 행복한 커플의 모습을 보면서 우스꽝스럽다고 느낀다. 그리고 이처럼 트롤의 거울에 비친 행복한 사람들의 모습을 보면서 그 자신은 행복해지지 않기로 결심한다. 그는 "난 감미로운 밤은 못 견딜 것 같아. 너무 물렁거리면 썩어 문드러져."라고 투덜대는 사람이었기 때문이다.

결국 알비는 애니와 헤어지게 된다. 영화의 마지막 장면에서 알비는 사랑이 비이성적이고 광적이며 부조리하지만 그 자신은 사랑을 계속하겠다며 다음과 같이 읊조린다.

"내 팔을 당신 몸에 두르기만 해도 전율을 느껴요. 내가 당신을 처음 만난 바로 그날도 그랬죠. 그 옛날처럼 그렇게 느껴져요. 저녁 식사와 꽃다발. 그 옛날처럼 결국 다시 헤어져야 했죠. 그 후 애니를 다시 만났을 때 무척 기뻤어요. 얼마나 멋진 여자였는지 얼마나 재밌었는지 깨달았죠. 옛 농담이 생각나네요. 어느 환자가 정신과 의사에게 말했죠.

환자: "형이 미쳤어요. 자기가 닭이라고 생각해요."

의사: "형을 데려오지 그래?"

환자: "그러면 계란을 못 낳잖아요."

남녀 관계도 이런 것 같아요. 비이성적이고 광적이며 부조리해요. 하지만 계속 사랑을 할 거예요. 우리에겐 계란이 필요하니까."

앞의 대사에서 정신과 환자는 형이 스스로 닭이라고 믿기 때문에 미쳤다고 말하면서 동시에 계란이 필요하기 때문에 형을 병원에 데려올 수 없다고 말한다. 이러한 〈애니 홀〉의 마지막 독백 장면은 "사람은 언제나 사랑해야 한다. 그것이 절대 결혼해서는 안 되는 이유다."[17]라고 말했던 오스카 와일드(Oscar Wilde)를 떠올리게 해 준다. 이처럼 알비는 트롤의 거울로 만든 안경을 끼고서 세상을 살아가는 사람들의 모습을 상징적으로 잘 보여 준다. 그렇다면 이처럼 트롤의 거울로 만든 안경을 끼고서 살아가는 사람들은 얼마나 많은 것일까?

4. 행복의 딜레마

철학자이자 수학자인 파스칼(Blaise Pascal)은 "모든 인간은 행복을 추구한다. 여기에는 그 어떠한 예외도 존재하지 않는다."[18]는 말을 남겼다. 그렇다면 실제로 행복감을 경험하는 사람들의 숫자는 얼마나 될까?

한국 사람들 중 행복해지기를 간절히 원하는 사람들 중에서 실제로 객관적으로 행복한 상태에 있다고 평가할 수 있는 사람의 비율은 얼마나 될까? 다음의 네 가지 보기 중에 한 가지를 선택해 보기 바란다.

① 10% 미만 ② 10~20% ③ 20~50% ④ 50% 이상

이 질문에 답해 보는 것이 중요한 이유는 현재 내가 행복의 특성에 대해 올바른 지식을 갖고 있는지 여부를 가늠해 볼 수 있기 때문이다. 이러한 질문에 답하는 방식은 여러 가지가 있을 수 있다. 철학적으로 해결할 수도 있고 종교적으로 해결하는 것도 가능하지만, 일반적으로 심리학에서는 경험적인 표본조사를 통해 사실 관계를 확인하는 절차를 따른다.

2010년에 한국 심리학회에서는 전국 표본조사(1000명)를 통해 한국인의 행복도 및 정신건강을 조사한 적이 있다.[19] 그 연구 결과에 따르면, 놀랍게도 한국인 중 '정신적인 번영 상태로서의 행복'을 경험하는 사람들은 약 8%인 것으로 나타났다. 사실상 같은 개념을 가지고 유럽 국가들의 행복도를 평가한 자료를 비교해 보면, 유럽 국가들 중 행복한 국민들이 가장 많은 나라는 덴마크인 것으로 나타났다.[20] 그 자료에 따르면, 덴마크 국민들의 약 33%가 정신적 번영으로서의 행복삶을 경험한다. 이러한 수치는 우리나라보다 약 4배가 더 많은 것이다.

이러한 연구에서 행복을 측정하기 위해 사용한 개념은 '플로리시(flourish)'다. 이것은 정신적 번영 혹은 진정한 웰빙(well-being)의 상태를 뜻한다. 진정한 행복감으로서의 플로리시는 현재 어떤 어려움을 겪고 있든지 간에 미래에 대해 낙관적인 기대감 속에서 심리 및 신체적 웰빙 상태를 경험하는 것을 의미한다. 플로리시와 삶의 만족도는 성공적인 적응을 예측하는 과정에서 설명변량 중 약 7.2%만 공유하는 것으로 나타났다. 따라서 플로리시는 전통적으로 삶의 만족도라고 부르는 것과 질적으로 구분되는 특성이 있다.

여기서 중요한 점은 왜 행복도를 평가하는 데 삶에 대한 주관적인 만족도가 아니라 플로리시로 평가하는가 하는 것이다. 행복한지 여부를 확인하는 상식적인 방법 중 하나는 사람들이 스스로 행복하다고 믿으면 행복한 것으로 인정해 주는 것이다. 하지만 행복을 이러한 상식적인 방법, 즉 자기보고 형태의 주관적인 만족도로 평가하면, 스스로 행복하다고 믿는 사람들의 수가 객관적으로 행복한 상태에 있는 사람 수보다 더 많은 것으로 나타날 수 있다. 왜냐하면 스스로 행복하다고 믿는 사람 중에 실제로는 정신과 환자도 포함되어 있을 수 있기 때문이다.

예를 들면, 조증 상태에 있는 환자는 365일 내내 행복하다고 말하는 경향이 있다. 하지만 그들은 실제로 행복하기 때문에 그렇게 표현하는 것이 아니라 자신의 불행감을 단지 그런 역기능적인 방식으로 표현하는 것일 뿐이다. 바로 그러한 문제 때문에 그들에게는 치료가 필요한 것이다. 물론 이러한 점은 꼭 정신과 환자에게만 해당되는 것은 아니다. 미국의 하원의장으로서 윤리규범을 69회나 어겼기 때문에 불명예스럽게 의장 자리를 내주어야 했던 라이트(Wright)는 사임 후 다음과 같이 소감을 피력하였다. "내 삶은 신체적, 재정적 그리고 정신적인 모든 면에서 이전보다 훨씬 나아졌다."[21] 이런 점들을 종합해 볼 때, 정신적 번영이 없는 상태에서 스스로 행복하다고 믿는 것만으로는 진정한 행복으로 간주하기 어렵다.

플로리시, 즉 정신적 번영으로서의 행복에 관한 한국 및 유럽에서의 연구 결과는 소크라테스와 파스칼의 말대로, 모든 사람들이 가능하기만 하다면 예외 없이 행복을 원함에도 불구하고 실제로 진정한 행복감을 경험하는 사람들은 상대적으로 소수라는 점을 보여 준다. 이러한 상황에서 행복은 사람들에게 목표로 하기에는 너무나 어렵고 또 포기하기에는 너무나 매력적이어서 미련이 남는 것에 해당된다. 이것을 바로 '행복의 딜레마'라고 부른다. 베켓(Samuel Beckett)의 〈고도를 기다리며 *Waiting for Godot*〉는 행복의 딜레마 상황에서 사람들이 나타내는 아이러니한 모습을 상징적으로 잘 보여 준다.

에스트라곤: 내가 무슨 말을 해야 하지?
블라디미르: '나는 행복해'라고 말해 봐.
에스트라곤: 나는 행복해.
블라디미르: 나도 행복해.
에스트라곤: 나도 행복해.
블라디미르: 우린 행복해.
에스트라곤: 우린 행복해. (침묵). 우린 행복한데 이제는 뭘 하지?
블라디미르: 고도를 기다려.[22]

〈고도를 기다리며〉에서 고도(Godot)는 아무런 의미 없는, 이름뿐인 행복을 얻은 다음에 사람들이 간절히 찾게 되는 '어떤 것'을 상징한다. 이 장면의 맥락에서는 고도가 진정한 행복을 뜻한다고 해석할 수 있다. 에스트라곤(Estragon)과 블라디미르(Vladimir)는 허명(虛名)뿐인 행복을 말한 후, 마음속의 공허감을 채워 줄 진정한 행복을 기다린다. 그들의 이러한 대화는 그 구체적인 이름을 뭐라고 부르든지 간에, 인간은 언제나 행복을 추구할 수밖에 없는 존재라는 점을 잘 보여 준다.

5. 도살자 앞에서 뛰노는 양들의 행복

"이곳에 행복이 거주하도다."[23] 이처럼 파라다이스의 입구 표지판으로 어울릴 법한 문구는 서기 79년에 베수비오(Vesuvio) 화산의 폭발로 도시 전체가 사라져 버린 폼페이(Pompeii)의 빵가게에 걸려 있던 표지판 내용이다. 이러한 일화는 쇼펜하우어가 소개한 '초원의 양' 비유를 떠올리게 한다. 그는 행복과 관련해서 다음과 같이 말했다.

> 우리는 먹이로 삼을 양을 한 마리씩 뽑고 있는 도살자 앞에서 장난치며 뛰노는 초원의 양들과 같다. 그것은 마치 행복한 시절에 우리가 질병, 빈곤, 신체장애, 시각장애 혹은 정신장애 등을 가져올지도 모르는 운명의 불운함에 대해 의식하지 못하는 것과 다를 바 없다.[24]

쇼펜하우어에 따르면, 우리는 마치 극장에서 커튼이 올라가기 전에 기대에 차서 연극을 기다리는 어린아이와 같다.[25] 그리고 그는 우리가 미래에 무슨 일이 일어날지 모르는 것은 오히려 축복일 수 있다고 주장하였다. 왜냐하면 우리는 종신형을 선고받고 사형을 모면했다며 기뻐하는 순진무구한 어린아이 같은 존재이기 때문이다. 자, 그렇다면 도살자 앞의 어린 양과 같은 존재인 우리들 인간이 행복하게 사는 것이 가능한 것일까?

만약 인간이 도살자 앞의 양 같은 존재임에도 불구하고 행복해질 수 있다고 대답했다면, 이번에는 다음의 사례에 관해 생각해 보라.

단, 남의 얘기라고 치부해 버리기보다는 나라면 똑같은 상황에서 어떻게 했을지를 염두에 두면서 진지하게 고민해 보기 바란다.

[그림 1-1]의 사진 속 인물은 재키(Jacqui)라는 여성이다. 재키는 베네수엘라의 사업가 집안에서 곱게 자라나 미국의 명문 대학에 진학하였다. 전도유망한 삶을 살던 재키에게 어느 날 불행한 사건이 닥쳤다.[26]

[그림 1-1] 재키의 학창시절 모습

사교 모임에 참석한 뒤에 귀가하던 중에 재키가 타고 있던 차가 음주운전을 하던 대학생의 차량과 충돌하게 된 것이다. 재키는 구조대에 의해 목숨은 건졌지만, 타고 있던 승용차에 화재가 나는 바람에 전신화상을 입게 되었다.

[그림 1-2]의 사진은 재키가 그 사고를 겪은 다음에 오랜 시간 동안 수 차례에 걸쳐 피부이식 수술을 받고 〈오프라 윈프리 쇼 *Oprah Winfrey Show*〉에 출연했을 때의 모습이다.

윈프리와의 인터뷰에서 재키는 사고가 일어난 지 오랜 시간이 지났지만 여전히 자신의 운명이 너무나 가혹하다고 느껴져 단 하루라도 울지 않고 넘어가는 날이 없다고 말했다. 자, 과연 재키는 이러한 조건에서도 행복한 삶을 살 수 있을까? 당신이 재키라면, 이러한 상황에서 행복해지기 위해서 구체적으로 어떻게 하겠는가?

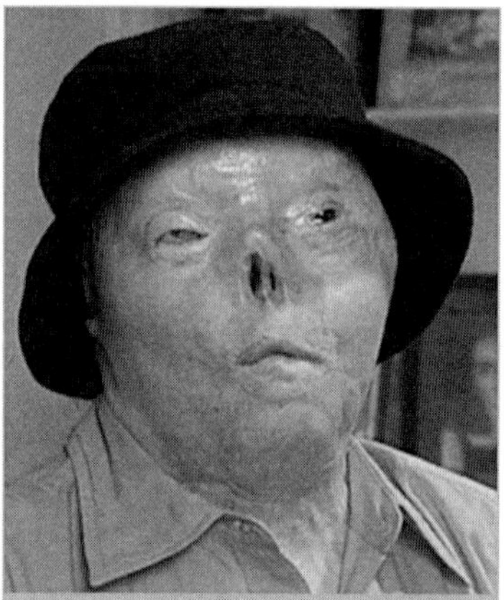
[그림 1-2] 재키의 사고 후 모습

만약 이 문제에 대한 답변이 준비되어 있지 않다면, 다음에 이어지는 내용을 찬찬히 살펴보라. 비록 이 책이 행복해지는데 필요한 모든 정보를 주지는 못할지라도, 적어도 이 문제에 대해서만큼은 소기(所期)의 답변을 얻을 수 있을 것이다.

미주

1) 대린 맥마흔(2008). 행복의 역사(윤인숙 역). 파주: 살림. p. 294.

2) Homer. *The Illiad, 17*, 446.

3) Herodotus. *The history* (trans. D. Grene). Chicago: University Of Chicago Press. p. 30.

4) Hegel G. W. F. (1830/1975). *Introduction: Reason in history, Lectures on the philosophy of world history* (trans. H. B. Nisbet). Cambridge: Cambridge University Press. pp. 29-33.

5) Plato. *The symposium* (trans. T. Griffith). Berkeley: University of California Press. 205 D.

6) Plato. *The republic* (trans. G. M. Grube) 490 B. Indianapolis: Hackett.

7) Plato. *Gorgias*, 493, A. NOTES. 191.

8) Plato. *Euthydemus*, 278E, 279A.

9) Plato. *The symposium* (trans. T. Griffith). Berkeley: University of California Press. 205 A.

10) Gilbert, D. (2006). *Stumbling on happiness*. New York: Vintage Books. p. 39.

11) Plato. *Symposium*, 177 B.

12) 대린 맥마흔(2008). 행복의 역사. p. 407.

13) Shaw, G. B. (1903). *Man and Superman*, act I.

14) 한스 크리스티안 안데르센(1841/2008). 주석달린 안데르센 동화집 (아니경 역). 서울: 현대문학. p. 60.

15) 티나 실리그(2010). 스무 살에 알았더라면 좋았을 것들(이수경 역). 서울: 엘도라도. p. 59.

16) 우디 앨런(1977). 애니 홀(Annie Hall). 20세기 폭스사 DVD.

17) Wilde, O. (1893). *A woman of no importance*, 3rd act.

18) Pascal, B. (1670/1904). *Pensees* (W. F. Trotter, trans.). http://oregonstate.edu/instruct/phl302/texts/pascal/pensees-contents.html (Section VII)

19) 임영진, 고영건, 신희천, 김용래(2010). 한국인의 행복 및 정신건강 지수: 한국인의 정신건강. 한국심리학회 연차학술발표대회 논문집.

20) Huppert, F. A., & Timothy, T. C. S. (2009). What percentage of people in Europe are flourishing and what characterises them? The OECD/ISQOLS meeting "Measuring subjective well-being: an opportunity for NSOs?" Florence, July 23-24.

21) Gilbert, D. (2006). *Stumbling on happiness*, chapter 8.

22) Beckett, S. (1949/1982). *Waiting for Godot*. New York: Grove Press. ACT II.

23) Grant, M., & Mulas, A. (1982). *Eros in Pompeii: The secret rooms of the national museum of Naples*. New York: Bonanza Books. p. 109.

24) Schopenhauer, A. (1942). *The complete essays of Schopenhauer* (Trans. T. Bailey Saunders). New York: Wiley. p. 2.

25) 얼빙 얄롬(2005). **치료의 선물**(최웅용 등 역). 서울: 시그마프레스. p. 8.

26) The Oprah Winfrey show: 20th anniversary DVD Collection. 2005.

02
긍정성에 대한 재정의

02

긍정성에 대한 재정의

인간은 기쁨과 비탄을 위해 태어났으며,
이것을 올바르게 알 때,
우리는 세상 속을 안전하게 주유(周遊)할 수 있다.
기쁨과 비탄은 섬세하게 직조되어
신성한 영혼에겐 안성맞춤의 옷.
모든 슬픔과 애절한 갈망 밑으로는
비단으로 엮어진 기쁨이 흐른다.
–블레이크(William Blake)–[1]

1. 부정적 긍정성: 사실이라 하기에는 너무나도 좋은

긍정심리학에서는 앞서 말한 재키처럼 불행한 사건에 직면한 상황에서도 우리가 행복해질 수 있는 방법이 분명히 존재한다고 말한다. 비록 단숨에 사람들을 행복하게 만들어 주는 마법은 존재하지 않을지라도, 사람들이 행복감을 직접 경험하고 느낄 수 있는 유능성을 배양하는 '심리학적인 기술'은 분명 존재한다는 것이다. 바로 멘탈 휘트니스(mental fitness)가 그러한 행복의 심리학적인 기술 중 하나다.[2)] 하지만 멘탈 휘트니스에 관해 소개하기 위해서는 무엇보다 긍정성에 대한 정의의 문제부터 짚고 넘어갈 필요가 있다.

아마도 긍정성이란 단어의 언어적 의미를 이해하는 것은 그다지 어려운 일이 아닐 것이다. 하지만 다음과 같은 질문에 답해 보라. '긍정적인 것은 언제나 좋은 것인가?' 이러한 질문에 답하기 위해서는 긍정성의 심리학적인 의미를 세분화해서 고찰할 필요가 있다. 긍정성은 크게 네 가지 유형으로 구분할 수 있다.

첫째, 온전한 긍정성이다. 이것은 인간의 미덕과 강점들로만 구성된 긍정성을 의미한다. 흔히 소년 소녀들을 위한 문고판 위인전기의 내용이 바로 이러한 긍정성에 해당된다. 학생용 위인전기를 읽어 보면, 예외 없이 인간의 이상화된 모습이 펼쳐진다. 흔히 이러한 위인전기에서 나이팅게일(Nightingale)은 천사의 화신(化身)으로 등장하고 또 슈바이처(Schweitzer) 박사는 성자(聖者)로 등장한다. 객관적인 시각으로 바라보면, 이러한 위인전기 내용은 '사실이라고 믿기에는 너무나도 좋아 보이는(too good to be true)' 내용들로 가득 차 있다. 하지만 그들의 실제 삶을 살펴보면, 나이팅게일은 정신과 치료를 받은 적이 있으며, 슈바이처 박사는 한때 트러블메이커로서 화려한 과거를 가지고 있었다.[3)]

인간인 이상, 무결점의 삶을 살아가는 사람은 존재하지 않는다.

따라서 인간의 미덕과 강점들로만 구성된 긍정성, 즉 온전한 긍정성은 삶의 중요한 측면이 누락된 것이라는 문제점이 있다. 이런 점에서 온전한 긍정성은 그 이름만큼 온전한 개념은 아니며 나쁜 긍정성에 속한다고 할 수 있다.

둘째, 미화된 긍정성이다. 이것은 인간의 미덕과 강점들이 과장 또는 가장된 형태의 긍정성을 말한다. 온전한 긍정성에서는 부정적인 정보가 누락된 상태에서 긍정적인 정보 위주로 자료가 편집되어 제시된다면, 미화된 긍정성에서는 현실과 동떨어진 형태의 왜곡된 정보가 사용된다. 이렇게 미화된 긍정성의 예로는 〈뷰티풀 마인드 *A Beautuful Mind*〉라는 영화를 들 수 있다.

이 영화는 미국의 천재 수학자 내시(Nash)가 정신분열병을 앓게 되지만 아내 앨리샤(Alicia)의 헌신적인 사랑 덕분에 역경을 딛고 노벨 경제학상을 수상하는 과정을 감동적으로 그려 냈다. 하지만 아쉽게도 〈뷰티풀 마인드〉에서 감동적으로 묘사되는 내시와 앨리샤의 사랑 이야기는 사실이 아니다. 예를 들면, 〈뷰티풀 마인드〉라는 영화에서 가장 감동적인 내용 중 하나는 영화의 마지막 부분에서 내시가 노벨 경제학상을 수상한 다음 아내에게 감사의 뜻을 전하는 장면이다.

> "내 인생에서 가장 중요한 발견, 그것은 그 어떠한 논리적인 이성도 바로 사랑이라는 신비스러운 공식 속에서만 발견될 수 있다는 것입니다. 나는 오로지 (앨리샤) 당신 덕분에 오늘밤 이 자리에 설 수 있었습니다. 당신 때문에 현재의 내가 존재할 수 있었습니다. 당신이 바로 내 존재의 이유입니다."[4]

유감스럽게도 이 마지막 장면은 사실이 아니다. 시나리오 작가인 골드만(Goldman)이 시인했듯이, 영화 속의 시상식 장면은 완전한 허구다.[5] 내시가 정신분열병 상태에 있었기 때문에 그에게는 공식적으로 수상 소감을 남길 수 있는 기회가 주어지지 않았다. 하지만 설사 그러한 기회가 주어졌다 하더라도, 내시가 그 자리에서 아내에게 노벨상을 헌정했을 것 같지는 않다. 왜냐하면 그들은 노벨상을 수상하기 전에도 그리고 그 이후로도 이혼을 한 상태였기 때문이다.[6]

어떤 인물에 대한 묘사가 충분히 감동적이기만 하다면, 설사 사실이 아니라 할지라도 크게 문제될 것은 없다고 주장하는 사람들이 있다. 하지만 만약 우리가 미화된 인물의 삶을 아름답다고 느끼게 된다면, 그때의 아름다움은 우리가 진정한 삶의 가치로 추구할 만한 것은 못 된다. 왜냐하면 자신에게 감동을 주었던 인물의 삶이 허상이었다는 것을 깨닫는 순간, 이전의 감동은 자취를 감추고 그 대신 커다란 실망감과 배신감만이 남을 것이기 때문이다. 이런 점에서 미화된 긍정성 역시 행복해지기 위해 우리가 추구해야 할 삶의 가치는 아닌 것으로 보인다. 단, 여기에서 문제 삼는 것은 영화나 드라마 같은 예술 작품의 허구성이 아니라, 그러한 작품이 마치 실제 이야기인 것처럼 포장된 채로 전달될 때의 문제점을 지적하는 것이다. 이야기의 허구성을 밝히기만 한다면, 자유로운 예술적 활동은 행복한 삶을 위해서도 보장될 필요가 있다.

셋째, 비현실적 긍정성이다. 2007년 이후로 한국 사회에서는 『시크릿 *The Secret*』 열풍이 불고 있다. 사실 수년째 전 세계적으로 지속되고 있는 『시크릿』 열풍은 신드롬(syndrome)이라고 불릴 만하다. 그런데 전 세계에 『시크릿』 신드롬을 일으켰던 그 서적의 결론은 의외로 단순하다. 그것은 바로 '세상일 모두가 생각과 믿음대로 이루어질 수 있다(thoughts become things)'는 것이다.

『시크릿』에 따르면, 행복해지기 위한 방법은 무척 간단한데 그것은 바로 긍정적인 생각과 간절한 믿음을 갖고 끊임없이 도전하면 된다는 것이다. 세계적인 경제 위기 속에서 『시크릿』의 이러한 단순한 메시지는 심리적인 위안을 찾고자 하는 사람들의 마음을 단숨에 사로잡았다. 그렇다면 과연 『시크릿』에 매혹된 사람들은 그 책을 읽기 전보다 부와 명성 그리고 행복에 한층 더 가까이 다가갈 수 있었을까? 물론 그럴 것 같지는 않다.

『시크릿』의 주장은 확고한 믿음을 통해 원하는 모든 것을 이룰 수 있다고 주장한다는 점에서 '긍정적 환상(positive illusion)'의 한 형태에 속한다고 할 수 있다.[7] 긍정적 환상은 자신과 세상에 대한 비현실적인 낙관주의를 말한다. 사실 긍정적 환상은 어떤 면에서는 적응에 도움을 줄 수 있을 것 같은 기대감을 불러일으키기도 한다. 왜냐하면 이러한 긍정적 환상들은 좌절감을 유발할 수 있는 상황에서 자아를 보호해 주고 또 주관적인 만족감을 경험하는 데 기여할 수 있기 때문이다. 하지만 이러한 긍정적 환상은 현실에 대한 왜곡된 지각을 전제로 하고 있다는 점에서 건강한 낙관성과는 구분된다.

일반적으로 정신건강을 판별하는 가장 중요한 기준 중 하나는 현실검증력, 즉 현실을 바라보는 과정에서 왜곡이 존재하는지 여부다. 그런데 긍정적 환상은 사람들이 실패했을 때, 현실을 부정하고 지나치게 방어적으로 행동하도록 만들 위험성을 지니고 있다. 따라서 만약 『시크릿』처럼 현실을 왜곡하는 형태의 낙관주의가 개인의 행복감을 증진시키기 위한 중심전략으로 자리 잡게 되면, 장기적으로는 적응에 매우 심각한 위험을 초래할 수 있다.

긍정적 환상은 개인에게 의미 있는 심리적인 효과가 아니라 단순히 '사고상의 마취효과'만을 선사해 준다. 비유적으로 표현하자면, 긍정적 환상의 효과는 마치 분식 회계가 실물 경제에 미치는 영향력과 유사하다. 회사가 거짓 장부에 의지하여 위기를 모면하는 경우, 일시적으로는 그러한 조치가 효과를 나타내는 것처럼 보일지라도, 언젠가는 그러한 회계장부가 회사를 도산 위기에 처하게 만든다.

『시크릿』의 주장은 브레이크 장치 없이 비현실적인 기대에 대한 가속 페달만을 밟도록 한다는 점에서 사람들을 긍정적 환상의 위험 속에 빠뜨릴 수 있다. 여기에서 긍정적인 환상과 현실적인 낙관성 간의 미묘한 차이에 대해 살펴볼 필요가 있어 보인다. 『시크릿』에서 주장하는 것과 같은 비현실적 긍정성의 본질을 이해하기 위해서는 먼저 다음의 표를 참고할 필요가 있다. 일반적으로 우리가 살면서 목표로 정하는 일은 〈표 2-1〉에 제시되어 있는 네 가지 영역 중 하나에 속하게 된다.

제1영역은 상식의 세계다. 이 영역은 목표를 향해 나아가는 사람이 스스로 목표를 이룰 수 있다고 굳게 믿고 있으며 현실적으로도

표 2-1 삶의 네 가지 영역

구 분		목표에 대한 긍정적 기대 수준	
		높 음	낮 음
실현 가능성	가능	제1영역 상식의 세계	제3영역 현실적 낙관주의
	불가능	제2영역 긍정적 환상	제4영역 상상의 세계

그러한 목표를 달성하는 것이 가능한 세계다. 예를 들면, 어떤 직장인이 현재보다 더 많은 연봉을 받고 싶어 하거나 체력이 약한 사람이 보다 건강해지기를 원하는 것 등이 바로 그러한 예가 된다.

제2영역은 긍정적 환상의 세계다. 여기에서는 목표를 향해 나아가는 사람이 스스로 목표를 이룰 수 있다고 굳게 믿고 있지만, 현실적으로는 그가 뜻을 이루는 것이 불가능하다. 예를 들면, '하면 된다' 는 신념을 지나치게 맹신하여 계란으로 바위 치는 식의 무모한 도전을 시도하거나 도박에 중독된 사람이 여기저기서 돈을 융통해서 한 번 더 도전할 경우 대박을 터뜨릴 수 있다고 믿는 것 등이 여기에 해당된다. 이러한 일들은 실현 가능성이 전무한 것은 아닐지라도 확률적으로는 사실상 0퍼센트에 가까운 것들이다.

제3영역은 현실적 낙관주의가 요구되는 세계다. 이 영역에서는 목표를 달성하는 것이 현실적으로 가능함에도 불구하고, 문제 상황에 직면한 사람들이 한때 좌절감에 휩싸여 자신이 원대한 포부를 품게 된 것에 대해서 후회하게 되고 또 포기할지 말지를 자꾸 고민하게 되는 세계다. 이러한 갈등 상황에서는 현실적인 낙관성이 성취를 일궈 내는 사람과 포기하는 사람을 구분해 주는 중요한 기준이 될 수 있다.

제4영역은 상상의 세계다. 이 영역에서는 삶에서 그러한 일이 이루어질 수 있기를 바라는 사람도 그 목표를 달성하는 것이 어렵다는 점을 잘 알고 있을 뿐만 아니라, 실제로 그런 목표를 달성하는 것이 사실상 불가능한 일들이다. 예를 들면, 사람들은 누구나 영생을 꿈꾸지만 그것은 불가능한 일일 것이다. 또 사람들은 때때로 시간을 거꾸로 되돌리고 싶어 할 때가 있지만 그것 역시 불가능하다. 이러한 일들은 오직 영화나 소설 같은 상상의 세계 속에서만 가능한 일들이라고 할 수 있다.

이러한 분류 체계에 기초해 판단해 볼 때, 『시크릿』에서는 주로 상식의 세계와 긍정적 환상의 세계를 다룬다고 할 수 있다. 하지만 외견상 『시크릿』이 상식의 세계를 다루고 있는 것처럼 보일지라도, 『시크릿』 신드롬은 본질적으로 상식의 세계와는 무관한 것이다. 사실 『시크릿』 신드롬은 작가가 '세상일 모두가 생각과 믿음대로 이루어질 수 있다'는 믿음을 바로 긍정적 환상의 세계에 적용할 수 있다고 강조하는 것과 관계가 있다. 『시크릿』의 저자에 따르면, 사람들이 원하는 모든 일은 그 어떠한 한계도 없이 이루어질 수 있으며 만약 그것이 안 이루어진다면 그것은 당사자가 진정으로 염원하지 않은 탓이 된다.[8] 이런 점에서 『시크릿』의 주장은 건강한 상식에 반하는 비현실적인 긍정성에 속한다고 할 수 있다.

기본적으로 현실적인 낙관주의에서는 세상 모든 일이 마음먹기에 달려 있다는 일체유심조(一切唯心造)의 신념을 강조한다. 비록 『시크릿』의 저자인 번(Byrne)이 자신의 주장과 부처(Buddha)의 설교가 같은 의미라는 점을 강조할지라도, 그 둘은 명백히 다른 것이다. 화엄경(華嚴經)에 등장하는 '일체유심조'는 외견상 『시크릿』의 주장과 유사해 보인다. 하지만 '일체유심조'에서의 '일체(一切)'라는 표현이 광대하게 펼쳐져 있는 '무한한 활동 영역'을 지칭하는 것일지라도, 그것이 '세상에 존재할 수 있는 모든 일들'을 의미하는 것은 아닙니다. 왜냐하면 〈표 2-1〉을 기준으로 할 때, 삶의 네 가지 영역 모두가 각각 무한한 세계에 해당되기 때문이다. 이런 점에서 삶은 '네 개의 무한한 세계'가 통합된 형태의 '무한한 세계(무한대+무한대=무한대)' 에 해당된다고 할 수 있다.

삶에서 현실적인 낙관주의 영역(제3영역)은 무한하게 펼쳐져 있다. 하지만 그렇다고 해서 현실적인 낙관주의가 인간의 모든 행동 영역에 적용될 수 있는 것은 아니다. 왜냐하면 제4영역, 즉 상상을 통해서만 가능한 일들도 무한대로 존재하기 때문이다. 바로 이러한 한계를 인정하느냐 인정하지 않느냐 하는 여부가 현실적인 낙관주의와 무조건적인 형태의 '하면 된다' 정신에 입각한 긍정적 환상을 구분해 주는 중요한 기준이 된다.

자신은 뭐든지 해낼 수 있다고 굳게 믿는 다섯 살짜리 꼬마의 모습을 떠올려 보라. 『시크릿』이 제시하는 삶의 모습은 마치 그 철없는 어린아이가 자신은 뭐든지 해낼 수 있다고 믿고서 실제 삶의 현장에 뛰어드는 것이나 마찬가지라고 할 수 있다. 아마도 그 아이의 삶은 곁에서 지켜보는 것조차 고통스러울 것이다.

세상에는 불가능한 일들이 얼마든지 존재할 수 있다. 이런 점에서 노력하면 뭐든지 다 이룰 수 있다고 믿는 것은 그 자체가 실패를 두려워하는 것이나 마찬가지다. 사람들은 보통 무서울 경우에 무섭다고 말한다. 하지만 때로는 불안해하는 사람이 속으로는 벌벌 떨면서도 겉으로는 '하나도 안 무섭다.' 고 말하기도 한다. 이것을 심리학에서는 '반동형성(reaction formation)' 이라고 부른다. 이러한 반동형성은 세상에 대해서 지나치게 경직된 태도를 취한다는 점에서 신경증적인 고통을 유발하게 된다.

긍정적 환상 혹은 비현실적 긍정성이 위험한 이유는 그러한 신념체계에서는 실패가 곧 절망감으로 이어질 수 있기 때문이다. 긍정적 환상에 빠진 사람들이 실패했을 때 느끼게 될 좌절감은 매우 심각할 수 있다. 왜냐하면 그들은 목표를 달성하는 것이 100% 가능하다고 확신했던 영역에서 실패했기 때문이다. 반면에 현실적인 낙관주의에서는 실패를 한다 할지라도 그 심리적인 충격이 상대적으로 덜 심각할 수 있다. 왜냐하면 실패의 가능성을 염두에 두고서 도전하는 사람은 예상을 통해 미리 실패의 아픔에 대해서도 어느 정도 대비할 수 있기 때문이다. 따라서 비현실적 긍정성, 즉 긍정적인 환상은 위험한 긍정성에 해당된다.

2. 진정한 긍정성: 승화된 긍정성

긍정심리학에서 추구하는 긍정성은 네 번째 유형의 긍정성, 즉 승화된 긍정성이다. 이것은 인간의 강점과 약점 그리고 미덕과 악덕이 통합된 형태의 긍정성을 말한다. 중국의 시인 꾸청(顧城)은 승화된 긍정성을 상징적으로 잘 보여 주는 짧은 시를 남겼다.

> 어둔 밤은 내게 검은 눈동자를 주었지만,
> 나는 그것으로 세상의 빛을 좇는다.[9]

인간의 삶에는 필연적으로 어두운 밤이 깃들기 마련이며 그 결과 우리 모두는 검은 눈동자를 갖고 살아갈 수밖에 없다. 하지만 중요한 것은 그 검은 눈동자로 무엇을 하는가다. 바로 승화된 긍정성이란 꾸청이 노래한 것처럼 검은 눈동자로 세상의 빛을 좇는 것을 말한다.

우리 삶에서 승화된 긍정성의 예를 찾는 것은 그다지 어려운 일이 아니다. 예를 들면, 러시아의 대문호 도스토에프스키(Dostoevskii)의 삶은 승화된 긍정성의 모습을 잘 보여 준다. 친구였던 톨스토이(Tolstoi)와 투르게네프(Turgenev)가 경제적으로 풍요로운 지주계급 출신이었던 데 반해, 평범한 가정에서 태어났던 도스토에프스키는 얼마 안 되는 유산을 탕진한 다음부터 늘 돈을 위해 펜을 들어야 하는 절박한 생활을 했다. 그렇기 때문에 그의 소설에서 항상 빠지지 않고 등장하는 소재는 바로 돈 문제다.

그가 남긴 대표적인 작품 중의 하나인『카라마조프가의 형제들 *The Brothers Karamazov*』이 그 좋은 예다. 이 작품은 그가 삶 속에 존재하는 선과 악의 대립 문제를 해결하고자 시도했던 야심작에 해당된다. 하지만 그 책 속에는 '3000루블'에 관한 언급이 무려 191회나 등장한다.[10] 그리고 다른 형태로 돈에 관한 언급이 나오는 부분도 무려 300여 회나 된다. 이러한 점은 그가 작품 활동을 하면서 얼마나 돈에 쪼들려 했는지를 상징적으로 잘 보여 준다. 하지만 그가 돈을 위해 펜을 들었다는 사실이 그의 작품의 가치를 훼손하는 것은 아니다. 왜냐하면 작가는 오로지 완성된 최종 작품만으로 자신의 가치를 입증하는 존재이기 때문이다.

요약하면, 온전한 긍정성을 지지하는 사람들은 도스토에프스키의 삶을 조망하는 과정에서 청소년을 선도할 목적으로 그의 도박 빚 문제를 빼놓고 그의 문학적인 재능에 초점을 맞출 수 있다. 또 미화된 긍정성을 지지하는 사람들은 그가 '인간 영혼의 선견자로서 돈의 가치를 초월한 삶'을 살았다는 식으로 그의 삶을 포장할 수 있다. 그리고 비현실적 긍정성을 지지하는 사람들은 도스토에프스키가 마음만 먹으면 당장 도박중독 상태에서 벗어날 수 있었을 것이라고 호언

장담할 수도 있다. 하지만 승화된 긍정성의 관점에서 본다면, 그의 삶은 검은 눈동자(도박 빚)로 세상의 빛(대문호가 되는 것)을 쫓는 과정의 연속이었다고 평가할 수 있다.

3. 승화된 긍정성에 대한 일반 대학생 분석 사례

승화된 긍정성은 도스토에프스키 같은 대문호의 삶에서만 발견되는 것은 아니다. 사실상 모든 삶에는 승화된 긍정성이 발현될 가능성이 존재한다. 다음 사례는 일반 대학생의 승화된 긍정성을 적응기제(adaptive mechanism)를 중심으로 분석한 것이다. 적응기제는 문제 상황에 대처하기 위해 사람들이 부지불식간에 취하는 문제해결 양식을 말한다. 적응기제라는 용어는 프로이트가 말한 방어기제(defense mechanism)가 부정적인 인상을 주는 점을 보완하기 위해 베일런트(Vaillant) 교수가 제안한 표현이다. 다음에 소개된 내용은 '삼성-멘탈 휘트니스 대학생 CEO 프로그램'에 참여했던 사례에 대한 분석 결과다. 이 분석 결과는 심리평가를 진행한 후 정리한 것이다.

> 외아들로서 홀로 자란 정○○님은 커뮤니케이션 영역에 남다른 열정을 기울임으로써 '국제적인 감각(cosmopolitan outlook)'을 획득할 수 있는 잠재력을 지니고 있는 분으로 생각됩니다. 이처럼 정○○님이 영어를 비롯해 어학에서 뛰어난 성취를 이루게 된 것은 정○○님이 어학과 관계된 지적인 잠재력이 우수하기 때문이기도 하지만, 심리

학적으로는 정○○님이 내면의 고독감을 해결하기 위해서 부지불식간에 창조적인 노력을 기울여 왔기 때문이라고 해석할 수 있습니다.

외면적으로 정○○님은 온순하고 성격 좋은 인상을 주지만, 내면적으로는 대단히 경쟁적인 면을 함께 지니고 있는 것으로 생각됩니다. 이처럼 정○○님이 경쟁적인 면을 보이는 것 이면에는 정○○님의 공격적인 면이 창조적으로 변형되어 나타나고 있는 것으로도 생각해 볼 수 있습니다. 실제로 정○○님 내부에 공격적인 면이 내재해 있는 점은 어렸을 때 골목길을 막고서 통행세로 과자를 받던 에피소드 그리고 태권도와 축구를 할 때 팔, 다리, 어깨 뼈 등이 부러질 정도로 격렬하게 했던 일화들에서도 쉽게 짐작해 볼 수 있습니다. 정○○님의 이러한 일화들은 함께하는 시간이 부족했던 아버지에 대한 불만과 어머니와의 충돌 경험 등과 관계되어 있는 것으로 보입니다. 하지만 이러한 가슴 아픈 기억에도 불구하고 정○○님은 충동적으로 행동하기보다는 학문적 성취와 관계된 치열한 경쟁들에서 승리하고 또 농구 대회와 PC게임 대회에서 우승을 하는 등 매우 생산적인 방식으로 내부의 공격성을 발산하는 데 각별한 노력을 기울여 왔던 것으로 보입니다.

다음에 소개되는 적응기제들의 각 항목을 살펴보시는 것은 정○○님이 지금까지 남다르게 노력해 온 창조적인 삶의 여정을 살펴보는 데 유익한 시사점을 제공해 줄 것으로 기대됩니다.

정○○님이 화가 날 때 사건에 집착하면서 시간을 헛되이 보내기보다는, 종이가 찢어지도록 단어를 '공격적(aggressive)'으로 휘갈겨

쓰며 암기하는 것을 통해 분노감을 생산적으로 표현하는 것을 적응기제로는 '승화(sublimation)' 라고 합니다. 이러한 노력이 적응적인 까닭은 화가 날수록 삶에서 문제가 되기보다는 오히려 어학 실력이 쑥쑥 늘기 때문입니다. 그 밖에도 정○○님이 내면의 고독감을 영어회화에 적극적으로 참여해서 대화함으로써 극복하고자 노력했던 것, 형과 누나가 없기 때문에 겪게 되는 시행착오를 꾸준한 독서를 통한 간접경험으로써 이겨 내려 했던 것 그리고 내면의 공격성을 농구와 PC게임에서의 시합을 통해 해소하려 애쓰는 것 등이 모두 승화에 해당됩니다.

비록 정○○님은 학문적인 성취와 관련된 치열한 경쟁들에서 승리한 것이 운이 좋았기 때문이라고 믿고 있지만, 그러한 승운(勝運)은 정○○님이 삶에서 오랫동안 성실한 태도로서 준비해 왔기에 가능했던 것으로 생각됩니다. 정○○님의 꾸준한 노력이 단지 우연한 계기적 사건에 의해 인정받게 된 것뿐이라고 보는 것이 더 타당한 것 같습니다. 만약 정○○님이 평상시에 리스트를 작성해서 독서를 할 정도로 꾸준히 책을 읽지 않았더라면 정○○님이 말하는 그러한 승운은 결코 찾아오지 않았을 것입니다. 바로 정○○님이 기울여 온 이러한 성실한 노력을 적응기제상으로는 '예상(anticipation)' 이라고 합니다.

한편 정○○님이 부지불식간에 스트레스 상황에서 심호흡을 하는 것을 통해 내적인 평온을 되찾으려 노력하는 것을 '억제(suppression)' 라고 합니다. 강한 승부욕을 갖고 있는 정○○님이 학문적인 성취와 더불어 게임대회에서 우승을 차지할 수 있었던 숨은 비결 중의 하나는 큰일을 앞두고서 침착한 태도로 임할 수 있도록 해 준 '억제'

의 적응적인 효과 덕분으로 생각됩니다.

정○○님이 과거에 빵집에서 어느 걸인이 빵을 얻어 가는 데 실패하자 뒤쫓아 나가서 자신의 빵을 건네주었던 일화는 '이타주의(altruism)' 와 관계된 것으로 보입니다. 이것이 단순한 선행이 아니라 이타주의에 해당되는 것은 정○○님이 한때 통행세로서 과자를 받은 적이 있다는 점을 고려해 볼 때 무가치하게 생각하는 것을 아무 생각 없이 준 것이 아니기 때문입니다. 특히 정○○님이 차비가 아까워서 몇 정거장 정도는 그냥 걸어 다닐 정도로 물질적인 가치를 소중하게 생각하는 분이라는 점을 감안할 때, 정말로 자신이 귀중하게 생각하는 것을 건네주었다고 할 수 있습니다. 더구나 나이 어린 사람으로부터 적선 받는다는 부끄러움을 자극하지 않기 위해, "가게에서 일하는 분이 전해 주라고 했다."고 말하는 배려하는 마음은 커뮤니케이션 전문가로서의 뛰어난 자질을 시사해 준다 하겠습니다.

현재 정○○님은 이성보다는 동성에 대해서 더 편안해하는 경향이 있는 것으로 보입니다. 나이 든 아버지와 함께하는 시간이 부족하고 또 상대적으로 젊은 어머니와 많은 시간을 보내야 했던 상황에서 정○○님은 주관적으로 남성적인 면이 부족하다고 느끼는 경향이 있는 것 같습니다. 이러한 조건에서, 정○○님이 왕(王)자를 새길 수 있을 정도로 근육을 키우려 운동한 후 남들과 비교하고서 만족스럽지 못할 때 (스스로 분발을 촉구하는 맥락에서) "아, 이 정도 가지고는 '비' 같은 연예인이 될 수 없지."라고 재미있게 표현하는 것은 '유머(humor)' 에 해당됩니다. 이러한 말이 단순한 농담이 아니라 유머에 해당되는 이유는 보통 사람들이 자신의 부족한 면에 대해서 말할 때 심각하게 말하거나 숨기려 하지만 정○○님은 자신의 약점을 있는 그대로 솔직하게 드러내면서도 자신도 진정으로 유쾌하게 웃을 수 있고 또 듣는 사람도 재미있게 들을 수 있도록 해 주기 때문입니다.

정○○님이 주의를 기울여야 할 적응기제 중의 하나는 '반동형성(reaction formation)' 입니다. 어릴 적에 매우 공격적으로 행동하였던 정○○님이 '디아블로: 파괴의 군주' 라는 PC게임이 지나치게 경쟁심과 공격성을 자극하기 때문에 더 이상 즐기지 못하고 회피하게 된 것이 '반동형성' 의 한 가지 예입니다.

외아들로서 자란 정○○님은 어렸을 때 지나치게 자기중심적으로 행동하는 것 때문에 남을 배려하지 않아 대인관계가 원만하지 못했던 일화를 가지고 있습니다. 그러던 정○○님이 이제는 겸손해져야 한다는 노력이 지나치게 경직된 방식으로 표현되고 있기 때문에 스스로의 모습에 대해서 필요 이상으로 어설픈 인상을 받고 있기도 합니다. 이처럼 과거의 자만심을 정반대의 죄책감으로 변화시키는 기제를 반동형성이라고 합니다. 이런 맥락에서 정○○님은 반동형성을 주요한 적응기제로 사용하고 있는 것으로 생각됩니다. 과유불급(過猶不及)의 우(愚), 즉 지나침은 모자름만 못하다는 격언에 대해서 잘 음미해 보시길 바랍니다.

정○○님이 자신의 내면의 세계를 탐색하고자 할 때 주의를 기울여야 할 또 다른 적응기제 중의 하나는 '이지화(intellectualization)' 입니다. 불쾌한 사건에 대해서 지나치게 부정적인 감정을 경험하지 않도록 하기 위해 이성적이고 합리적인 노력을 기울이는 것은, 적응하는 데 매우 유익할 수 있습니다. 하지만 중요한 것은 그 과정에서 항상 내부의 감정을 인식하고 살피려는 노력을 게을리 해서는 안 된다는 점입니다.

정○○님이 각별히 주의를 기울여야 할 적응기제 중의 하나는 '소극적 공격성(passive-aggression)' 입니다. 정○○님이 친구들과 불편해지는 상황에 대해서 생각해 보십시오. 경시대회를 함께 준비하기로 마지못해서 약속하고 나중에 가서 몸이 아프다는 핑계로 지키지 못하게 된 것이 그 한 가지 예에 해당됩니다. 그 밖에도 선배들 혹은 친구들과 트러블이 있는 경우, 그동안 불만스러운 감정을 은연중에 어떻게 표현해 왔는지 가만히 반추해 보시기 바랍니다.

정○○님이 때로는 경쟁의식이 지나쳐서 은연중에 나이 어린 학생들과의 승부에도 초연해지지 못하게 되는 점을 고려해 볼 때 아직까지는 아동기의 자기중심성으로부터 완전히 벗어나지는 못한 것으로 보입니다. 또 만화주인공에 대해서 상대적으로 강한 몰입이 일어나는 것 등은 '공상' 이라는 적응기제에 해당됩니다. 공상은 꿈과 마찬가지로 인간에게 희망을 유지할 수 있도록 해 주지만, 단지 상상 속에서만 즐거운 시간을 보낼 수 있도록 해 줄 수 있을 뿐 결코 꿈을 현실로 바꿔 주지는 않습니다.

더불어 정○○님이 유의해야 할 적응기제 중의 하나는 '신체화

(somatizatin: 혹은 건강염려증)' 입니다. 신체화는 스트레스 상황에서 정신적인 스트레스를 신체적인 문제 증상으로 표현하는 것을 말합니다. 정○○님은 스트레스 상황에서 신체적으로 다소 예민하게 반응하는 경향이 있는 것으로 보입니다. 다음에 소개되는 조언들은 정○○님이 앞으로 지금보다도 더 큰 스트레스 사건에 직면했을 때 스트레스성 질환으로 인해 고통받지 않기 위한 예방적인 노력을 기울이는 데 유용한 참고자료 역할을 해 줄 수 있을 것입니다.

스트레스 상황에서 정○○님이 신체적으로 발병하거나 소극적 공격 행동을 나타내거나 혹은 만화와 같은 가공의 세계 속에서 위안을 삼는 대신, 보다 효율적으로 대처하기 위해서는 '억제' 를 참고할 필요가 있는 것으로 보입니다. 특히 정○○님의 경우 미묘한 내면의 감정을 다루는 데 다소 서툰 경향이 있다는 점을 고려해 보면, 억제의 적응기제를 보다 육성할 필요가 있을 것으로 생각됩니다.

이성과의 관계 혹은 선배들과의 관계에서 스트레스를 받는 경우에, '유머' 를 사용하고자 노력해 보십시오. 특히 유머는 외교관 또는 국제무역 전문가처럼 국제무대에서 활동하고자 하는 사람들에게 대단히 중요한 요건 중의 하나입니다. 또 영어를 전공하는 과정에서 번역작업을 하는 경우에도, 원문의 유머를 잘 옮기는 것 그리고 가능한 한 유머를 통해 감칠맛 나고 생동감 있게 번안하는 제2의 창작을 하는 것이 매우 중요하다고 할 수 있습니다.

정○○님이 반동형성을 주요 적응기제 중 하나로 활용하고 있는 점을 감안해 볼 때, 유머는 정○○님이 스스로에 대해서 어설프다는 인상을 받는 순간에 지나치게 겸손해하거나 자기비판적으로 행동하는 대신에 활용하고자 노력해야 할 적응기제입니다. 특히 다른 사람들이 자신을 이용하려 드는 것 같은 인상이 드는 순간에는 덮어둔 채로 속 끓이기보다는 유머러스하게 받아치는 것이 필요합니다. 대인관계에서 중요한 것은 유머로써 웃으면서 공격할 수 있어야 한다는 것입니다. 똑같은 직설적이고 공격적인 행동이라도 유머에 기초해서 펼쳐진다면, 대인관계에서의 마찰을 완화시켜주는 윤활유 역할을 할 수 있습니다.

정○○님이 성취욕구가 강하고 이루고자 하는 꿈이 크다는 점을 고려해 볼 때, '예상' 이라는 적응기제를 좀 더 개발할 필요가 있는 것으로 생각됩니다. 예상은 정○○님이 성실하게 미래를 준비해 나가는 네 유용하게 고려할 수 있는 기제입니다. 또 이타주의는 국제무대에서 활동하고자 하는 정○○님께서 가장 눈여겨봐야 할 적응기제입니다. 어떤 의미에서 정○○님이 내면의 분노감을 가장 잘 발산할 수 있는 길은 자신을 위해서 분노감을 표출하는 것이 아니라 다른 사람들을 위해서 용기 있게 행동하는 일이라고 할 수 있습니다.

미주

1) Blake, W. (1803). *Auguries of innocence.*

2) 김진영, 고영건(2009). 긍정 임상심리학: 멘탈 휘트니스와 긍정 심리치료. **한국심리학회지: 사회문제, 15**(1), 155-168.

3) 고영건(2004). **인디언기우제: 행복한 성공의 연금술**. 서울: 정신세계원.

4) Howard, R. (Director), (2002). A beautiful mind. [DVD]. 서울: CJ 엔터테인먼트.

5) Howard, R. (Director), (2002). A beautiful mind. 골드만(Akiva Goldman)의 작품 해설.

6) 고영건, 안창일(2007). **심리학적인 연금술**. 서울: 시그마프레스. 11장.

7) 오미영, 박찬빈, 고영건(2010). 긍정적 환상 신드롬에 대한 분석: 『시크릿』의 비밀, **담론 201, 13**(1), 123-150.

8) 론다 번(2007). 시크릿 (김우열 역). 파주: 살림출판사. p. 200.

9) Schwarcz, V. (1997). The pane of sorrow: Public uses of personal grief in modern China. *Social suffering* (Arthur Kleinman, Veena Das, & Margaret Lock, Eds.) Berkeley: University of California Press.

10) 석영중(2008). **도스토예프스키, 돈을 위해 펜을 들다**. 서울: 예담. p. 288.

03

행복 이론의 백가쟁명

03

행복 이론의 백가쟁명

우리들 여행자는

끝없는 삶의 길을 걸어간다.

인생의 진리를 깨달을 때까지

수많은 모퉁이를 돌아가야 한다.[1]

1. 행복 프로그램의 난립과 찰스 램의 우화

현재 전 세계적으로 무수히 많은 행복 프로그램이 존재한다. 이러한 현상은 마치 중국의 춘추전국 시대 때 많은 사상가가 나와 저마다 다른 학설을 주장하던 '백가쟁명(百家爭鳴)'을 떠올리게 한다. 그렇다면 우리는 이러한 현상을 어떻게 바라봐야 하는가? 이러한 물음과 관련해서는 영국의 수필가 램(Charles Lamb)의 고전적 수필 '구운 돼지고기에 대한 논고'를 참고하는 것이 좋을 듯하다.

고대 중국에 돼지를 키우던 호티(Ho-ti)라는 사람이 있었다. 어느 날 아침에 그가 돼지 사료를 구하러 나간 사이에, 장남 보보(Bo-bo)가 불장난을 하다가 돼지우리에 불을 내 돼지를 비롯하여 모든 것이 다 타 버렸다. 그때까지 중국 사람들은 돼지고기를 날것으로 먹었으나 호티 부자는 화재로 인해 우연히 구운 돼지고기를 먹어 보게 되었다. 그들은 구운 돼지고기를 맛보면서부터 구운 것이 날것보다 훨씬 더 맛있다는 사실을 알았고, 그 이후로 호티는 구운 돼지고기를 먹고 싶어서 돼지우리를 지은 다음에 일부러 불을 지르곤 하였다.

호티 부자의 행동을 지켜보던 주민들은 그들이 전통에 반하는 불경스러운 행동을 한다면서 재판에 회부하였다. 당시 중국에서는 돼지가 매우 귀중한 재산으로 간주되었는데 호티의 행동은 이러한 사회적 가치에 반하는 것이었기 때문이다. 호티 부자가 돼지를 불 태운 이유를 조사하기 위해 재판장에는 증거물로 구운 돼지고기가 준비되었다. 이때 구운 돼지고기를 먹어 본 적이 없었던 재판관들은 습관적으로 돼지고기를 맨손으로 만졌다가 뜨거워서 반사적으로 입에 갖다 대는 바람에 엉겁결에 구운 돼지고기 맛을 보게 되었다. 그 후 놀랍게도 재판관은 호티 부자에게 무죄 판결을 내렸다. 램은 이러한 사건에 대해서 다음과 같이 해설하였다.

> "약삭빠른 재판관은 그 판결이 명백히 불법임에도 불구하고 살짝 눈감아 주었다. 그리고 재판이 끝나자마자 남몰래 모든 방법을 동원해서 살 수 있는 돼지를 모두 구입하였다. 며칠 후 그 재판관의 사택에

도 화재가 발생했다. 그 후로 그 마을에서는 화재 사건이 빈발해 모든 것이 타 버렸고 오로지 여기저기서 불길만 눈에 띌 뿐이었다. 그때부터 마을에서는 연료와 돼지 값이 폭등하기 시작했고 결국 보험 회사들은 모두 문을 닫게 되었다. 또 사람들이 점차 집을 허술하게 지어서 건축학이 지상에서 자취를 감추는 데 그다지 오랜 시간이 걸리지 않을 것이라는 예측이 나돌 정도였다. 따라서 내 원고에 따르면, 먼 훗날 로크(Locke)와 같은 현자가 나타나서 집을 태우지 않고도 돼지고기나 다른 동물의 고기를 구울 수 있다는 사실을 알려 줄 때까지 집을 태우는 풍습은 계속되었다. 이때 조잡한 형태의 석쇠가 처음 등장하였다. 쇠꼬챙이에 고기를 굽는 것은 이로부터 두 세기 후에 시작되었는데, 어떤 왕조인지는 잘 모르겠다. 이제 천천히 내 이야기의 결론을 내리자면, 가장 유용하고 또 쉽게 알 수 있는 기술은 사람들 사이에서 저절로 나타나게 된다는 것이다."[2)]

비록 직화구이 돼지고기가 날것보다 맛있다고 하더라도 맛있는 돼지고기를 먹기 위해 자신의 집을 태우는 것은 대단히 어리석은 일임에 틀림없다. 이처럼 어떤 영역에서 새로운 진전이 이루어지는 경우, 처음에는 어리석은 행동들이 혼재되어 나타날 수 있다. 하지만 중요한 것은 결국에 가서는 이전보다 합리적인 형태로 나아가게 된다는 점이다.

행복 프로그램의 경우도 마찬가지다. 비록 지금은 행복 이론들이 백가쟁명식의 양상을 띠고 있을지라도 행복과 관련해서 주요 개념들이 잘 정립되기만 한다면, 상대적으로 더 효과적인 프로그램이 무엇인지 저절로 확인할 수 있게 될 것이다. 만약 그렇게 된다면, 마치

백가쟁명식으로 제목소리를 내고 있는 심리학적 개입 프로그램의 숫자가 점차 줄어들게 될 것이다.[3]

이런 맥락에서 이 장에서는 멘탈 휘트니스 긍정심리 프로그램보다 앞서 제안된 행복 프로그램들의 장단점에 관해 살펴보겠다. 이때 분석 과정에서 주로 초점을 맞추게 될 내용은 이미 수많은 행복 프로그램이 존재함에도 불구하고 왜 멘탈 휘트니스와 같은 새로운 형태의 긍정심리 프로그램이 추가로 필요한지를 가늠해 보는 것이다.

2. 스위치와 넛지: 선택설계에서 변하는 것과 변하지 않는 것

인간의 행동을 가장 손쉽게 바꿀 수 있는 심리학적인 개입 기법 중 하나는 선택설계(choice architecture)라고 할 수 있다. 선택설계 또는 행동설계는 사용자 우호적인 환경을 조성함으로써 삶을 행복하게 변화시키는 심리학적 개입 기법을 말한다. 이러한 변화 기법을 탈러(Thaler)와 선스타인(Sunstein) 교수는 적응적인 선택을 유도하는 부드러운 심리학적 개입이라는 뜻에서 '넛지(nudge)'라고 명명하였다.[4] 그리고 히스(Heath) 형제들은 변화시키기 어려운 문제 상황을 '손쉽게' 그리고 '큰 폭으로' 변화시키는 결정적인 역할을 한다는 점에서 이것을 '스위치(switch)'라고 불렀다.[5] 그리고 이름을 무엇으로 부르든지 간에, 선택설계 또는 행동설계는 기본적으로 인간의 사고 기능 중 자동시스템과 밀접한 관계가 있다. 자동시스템은 직관적이고 무의식적이며 신속한 형태의 의사결정에 관여한다. 반면에 숙고 시스템은 연역적이고 의식적이며 신중한 형태의 의사결정에 관여한다.[6] 선택설계는 주로 인간의 자동시스템에서의 오류를 예방하는 데 적절히 활용될 수 있는 기법이라고 할 수 있다.

예를 들면, 인간의 삶에는 계획오류(planning fallacy)가 존재한다. 이것은 사람들이 어떤 목표를 정한 후 그 프로젝트를 달성하는 데 걸리는 시간을 예측할 때 비현실적인 낙관성 혹은 긍정적 환상에 기초해 판단하는 것을 말한다. 항상 업무 계획이 빗나가는 이유가 바로 여기에 있는 것이다. 한 가지 흥미로운 점은 계획오류의 문제점에 대해서 단순히 알고 있다고 해서 이러한 문제가 개선되는 것은 아니라는 점이다. 바로 타성의 힘이 작용하기 때문이다.

탈러와 선스타인 교수는 선택설계에 기초한 대표적인 예로 사회교양 증진 이메일 시스템을 제안한 바 있다. 그들은 이러한 이메일 발송 시스템이 사회적 교양을 증진시키고 사람들의 실수로 인한 후회를 줄이는 데 효과적일 수 있다고 주장하였다. 이 시스템에서는 사용자가 이메일을 작성한 후 발송 키를 누르면, 자동적으로 분노 등의 적대적 표현이 메시지 안에 포함되어 있는지를 검색하게 된다. 검색했을 때, 만약 이메일에 사용자가 나중에 후회할 만한 정보가 담겨 있다면, "이 메일에는 무례한 표현이 포함되어 있습니다. 그래도 발송하시겠습니까?"라는 경고 메시지가 스크린에 나타나게 된다. 이러한 선택설계 기반 시스템은 이메일 사용자의 때늦은 후회 및 자책 경험의 빈도를 낮출 수 있을 것으로 기대된다.

비록 선택설계가 인간의 문제행동을 효과적으로 없애거나 또 적응적인 행동의 빈도를 비약적으로 증가시켜 줄 수 있을지라도, 이러한 기법에는 두 가지 치명적인 약점이 있다.

첫째, 행동설계는 인간의 행동만을 변화시킬 뿐 사람 자체를 변화시키지는 못한다는 점이다. 예를 들면, 선택설계 기반 이메일 시스템을 사용하면 분노에 찬 이메일을 발송하는 빈도는 줄어들겠지만, 분노에 찬 이메일을 작성하는 것 자체를 바꾸지는 못한다. 따라서 선택설계가 반영되지 않은 이메일 시스템을 사용하면 예전의 문제행동이 되풀이될 가능성이 높다.

둘째, 선택설계를 통해 증가된 적응적인 행동이 행복감을 증진시키는 데까지는 이어지지 못한다는 점이다. 이러한 점을 이해하기 위해서는 철학자 노지크(Nozick)의 상상실험[7] 내용을 살펴볼 필요가 있다.

사람이 탱크 안에서 안락하게 생활할 수 있는 경험기계가 있다고 가정해 보자. 그 기계에는 뇌의 일부를 자극하여 실제로 체험하는 것과 똑같은 상태에 도달할 수 있도록 해 주는 장치가 부착되어 있다. 이러한 장치 덕분에 사용자는 자신이 원하는 모든 것들을 생생하고 강렬하게 경험하는 기쁨을 느낄 수 있다. 자, 과연 인간은 이런 형태의 시뮬레이터 속 삶에서 진정한 행복감을 맛볼 수 있을까?

이 문제에 대한 해답은 행복을 어떻게 정의하는가 하는 문제와도 밀접한 관계가 있다. 하지만 이러한 정의의 문제와는 별도로, 적어도 한 가지만큼은 분명하게 말할 수 있다. 사람들이 진정으로 원하는 것이 이러한 경험기계에서 생활하는 것은 아니라는 점이다. 구체적인 내용이 무엇이든지 간에 긍정적인 경험이라면, 현실에서 실제로 체험할 수 있는 사람이 실제 체험 대신 경험기계에서 생활하는 것을 굳이 선택할 가능성은 거의 없다. 왜냐하면 경험기계가 주는 기쁨에 매몰되는 사람들은 실제 현실에서는 자신의 뜻을 이루지 못하는 사람들일 것이기 때문이다.

3. 자기계발서의 한계: 행복 공식의 단순화

미국의 뉴저지에 있는 미국 자기계발 하우스(American Self-Help Clearing House)에는 1,000개가 넘는 국제 자기계발 관련 단체들이 자신들의 이름을 등록해 둔 상태다. 그리고 인터넷 서점 아마존(Amazon)에는 20,000종이 넘는 자기계발서가 업로드 되어 있다.[8] 이러한 점들은 자기계발 시장의 규모가 대단히 크다는 점을 보여 준다. 그렇다면 이러한 자기계발 프로그램들은 실제로 효과가 있을까?

영국의 심리학자 와이즈먼(Wiseman)은 많은 자기계발서들이 소개하는 기법, 즉 상식적으로 그럴듯해 보이는 동기부여 방법들이 실제로는 성과가 없다고 비판하였다.[9] 그가 지적한 비효율적인 동기부여 방법으로는 존경하는 인물을 머릿속에 떠올리면서 모델로 삼는 것, '하면 된다.'처럼 맹목적으로 정신력을 강조하는 것, 그리고 성공했을 때의 기쁨 혹은 실패했을 때의 부정적인 결과를 상상하는 것 등이 있다. 그에 따르면, 이러한 방법들은 잘해 봐야 효과가 없거나 오히려 사람들이 주체적이고 적극적으로 살아가는 것을 저해할 수 있다. 예를 들면, 날씬해지기를 원하는 사람이 눈을 감고 자신이 목표로 하고 있는 변화된 신체의 모습을 상상한다고 가정해 보자. 이러한 상상은 일시적으로 기분을 좋게 만들어 줄지는 모르겠지만 사실상 정신적인 도피에 가깝다.

심리학자 피어솔(Pearsall)은 시중에 범람하고 있는 자기계발서들에 대해 와이즈먼보다 훨씬 더 비판적이다. 그는 다음과 같이 지적하였다.

> "(자기계발서를) 홍보하는 사람들은 좀처럼 특별한 학문을 언급하거나 어려운 자료를 사용하지 않는다. 그렇게 하는 사람이라고 해도 기존의 연구 결과와 결론을 놀랄 만큼 자의적으로 해석하고 임의적으로 사용한다. 어떤 한 전문가는, 대화에서 어떻게 우위를 선점할 수 있는지를 다룬 자신의 책을 강매하면서 '의사소통의 90%가 신체언어(body language)이고 오직 10%만이 말이다.' 라고 했다. 또 어떤 사람은 시간 관리에 대한 책을 내놓으면서 '우리는 99%의 시간을 비본질적인 일을 하는 데 허비한다.' 고 말했다. 사실일까? 그들은 이러한 것들을 어떻게 알았을까?"[10]

'예일 목표 연구(Yale Goal Study)'로 알려진 자기계발서의 단골 메뉴는 피어솔이 냉소적으로 지적한 문제점을 단적으로 잘 보여 준다. 그 연구에 따르면, 1953년에 한 연구팀은 예일 대학 졸업반 학생들에게 인생에서 성취하고 싶은 목표를 구체적으로 적어 놓은 것이 있는지를 질문하였다. 그리고 20년 뒤에 그 졸업생들을 추적 조사하였더니 구체적인 목표를 세웠던 3%의 사람들이 나머지 97%의 동창생들보다 더 많은 부 그리고 더 높은 수준의 사회적인 성취를 보인 것으로 나타났다.

만약 이러한 연구 결과가 사실이라면, 우리가 행복한 삶을 사는 것은 무척 쉬운 일이 될 것이다. 왜냐하면 그 연구에 따르면, 행복해지려면 구체적인 목표를 적은 후에 지갑에 소중하게 보관하면서 살아가면 되기 때문이다. 비록 이 이야기가 그럴듯한 인상을 줄 수는 있어도, 이 기적 같은 이야기에는 심각한 문제가 있다. 그것은 바로 그러한 연구가 실제로는 행해진 적이 없는 근거 없는 이야기라는 점이다.[11]

'예일 목표 연구'의 진위를 규명하기 위해 『패스트 컴퍼니 *Fast Company*』 지의 기자 태백(Tabak)은, 1953년 예일 대학 졸업반 동창회 총무와 그 연구를 자신의 저서에 인용한 자기계발 전문가들에게 사실 확인을 의뢰하였다. 그 결과, 그러한 연구가 실제로 행해졌다는 그 어떠한 증거도 발견되지 않았다. 결국 자기계발 전문가들은 엄격한 검토 과정 없이 수십 년간 그 연구 결과를 '카더라 통신(소문: 사람들이 ~라고 말하더라)'에 의거해 활용해 왔던 것이다.

이러한 예에서 확인할 수 있듯이, 자기계발서에서는 이처럼 학문적으로 검증되지 않은 내용도 상식에 비추어 봤을 때 외견상 그럴듯해 보이면, 무비판적으로 인용되는 경향이 있다. 아마도 그 이유는 자기계발서가 추구하는 가치가 실용성이지 정확성은 아니기 때문으로 생각된다.

하버드 대학의 심리학과 교수인 길버트(Gilbert)는 대표작 『행복에 걸려 비틀거리다 *Stumbling on Happiness*』를 집필하면서 자기계발서의 문제점을 지적하는 데 상당한 지면을 할애하였다. 그는 자신의 책 서문에 다음과 같이 적었다.

> "이 책은 당신을 행복하게 해 줄 수 있는 구체적인 방법을 제공하지는 않는다. 그러한 기대를 안고서 이 책을 집어 들었다면, 서점에서 흔히 찾을 수 있는 심리지침서를 선택해 그 조언에 따라 보라. 그러면 그

러한 책에서 얻는 조언들이 왜 별다른 효력이 없는지를 이 책이 알려 줄 것이다."[12]

아마도 수많은 자기계발서들이 범하고 있는 가장 중대한 오류는 마치 행복을 간단하게 발견할 수 있도록 해 주는 공식이 존재하는 것처럼 주장하는 것일 것이다. 하지만 길버트에 따르면, 세상에 그런 기적 같은 공식은 존재하지 않는다. 이런 점에서 버클리(Buckley)와 티어니(Tierney)는 "부자가 되는 비법이 담긴 자기계발서로 돈을 벌 수 있는 유일한 방법은 오로지 책을 쓰는 길뿐이다."라고 풍자적으로 표현한 바 있다.[13] 아마도 행복의 비법이 담긴 자기계발서로 행복해질 수 있는 사람 역시 『시크릿』과 같은 베스트셀러 책을 쓴 저자뿐일 것이다.

4. 긍정심리 프로그램의 표류: 자기계발 프로그램화

1) 슬라우 행복 프로그램

2000년에 미국 심리학회의 긍정심리학 특집호가 발간된 후로, 전 세계적으로 긍정심리학이 선풍적인 인기를 끌었다. 그 결과, 대단히 많은 심리학적 개입 프로그램이 '긍정심리학'이라는 타이틀로 소개되었다. 이러한 긍정심리 프로그램의 대표적인 예로는 영국 BBC 방송국의 행복 프로그램을 들 수 있다.

2005년 BBC 방송국은 행복 관련 다큐멘터리의 제작을 위해, 심리학자, 경영컨설턴트, 자기계발 전문가, 사회사업가 등 6인이 주축이 되어 영국의 중소 도시 슬라우(Slough) 지역에서 '행복위원회'를 결성하는 프로젝트를 진행한 적이 있다. 슬라우 지역에서 일종의 도시 규모의 행복 프로젝트를 진행하는 과정에서 BBC 행복위원회 위원들은 '행복헌장'을 제작하였다. 이 행복헌장에는 고대 플라톤(Plato)의 행복론에서부터 현대의 긍정심리학에 이르기까지 인류의 행복 관련 지식을 총망라하는 10가지 행복수칙이 담겨 있었다. 그 후 행복위원회는 슬라우 시민들 중 실험 참여자를 받았다. 프로젝트 참여자들이 해야 할 일은 3개월 동안 단지 '행복헌장'의 내용을 충실하게 실천하는 것뿐이었다.

그 결과는 매우 인상적이었다. 3개월간 행복 프로젝트에 참여했던 슬라우 주민들은 너나 할 것 없이 행복헌장을 실천하면서 높은 수준의 행복감을 경험할 수 있었다고 보고하였다. 실제로 슬라우 주민들의 행복지수는 프로그램에 참여하기 전에 비해 평균 33% 상승했다.

슬라우 행복 프로젝트는 처음에 회의적인 태도를 보이던 주민들의 생각까지도 180도로 바꾸어 놓았다. 한 주민은 행복 프로젝트에 참여했던 소감을 다음과 같이 피력하기도 하였다.

> "저는 이 프로젝트가 온종일 심리학 용어나 남발하다가 끝날 거라고 생각했죠. 하지만 이 프로그램에는 심리학 이상의 그 무엇이 있어요. 최고 전문가와 심리학자들의 길 안내를 받으며 행복을 찾는 흥미진진한 여행을 했으니 우리 슬라우 주민들은 정말 운이 좋은 거예요."[14]

슬라우 행복위원회에 따르면, 남녀노소와 국적 및 인종을 불문하고 행복헌장은 주민들의 행복감을 증진시키는 데 탁월한 효과를 나타냈다. 이 이색적인 실험의 전 과정은 영국 BBC 방송에 의해 다큐멘터리로 방영되어 큰 화제를 불러일으켰고 우리나라에서도 'MBC 스페셜' 프로그램을 통해 소개된 바 있다.

슬라우 행복위원회는 행복이 마치 바이올린 연주처럼 일부러 익혀야 하는 기술이라고 주장하였다. 그들에 따르면, 행복은 연습할수록 느는 삶의 습관에 해당된다. 행복위원회가 제시한 행복수칙 10가지를 소개하면 다음과 같다.

슬라우 행복 10계명

① 운동을 하라.

② 잠들기 전에 좋았던 일들을 떠올려라: 특히 그날 중 당신이 감사해야 할 일 5가지를 생각하라.

③ 대화를 나누어라: 매주 온전히 1시간은 가족이나 친한 친구들과 대화를 나누어라.

④ 애완동물이나 식물을 가꾸어라: 아주 작은 화분 또는 동물이라도 좋다.

⑤ TV 시청 시간을 반으로 줄여라.

⑥ 미소를 지어라: 적어도 하루에 한 번은 낯선 사람에게도 미소를 짓거나 인사를 하라.

⑦ 친구에게 전화하라: 오랫동안 소원했던 친구나 지인들에게 지금 당장 연락하라.

⑧ 하루에 한 번씩 유쾌하게 웃어라: 웃음은 행복의 묘약이다.

⑨ 매일 자신에게 작은 선물을 하라: 자신의 선물을 온전히 즐길 수

있는 시간을 확보하라.

⑩ 매일 누군가에게 친절을 베풀어라.

아마도 어떤 이는 슬라우 행복위원회의 행복헌장 10가지를 살펴보고 나서 '아니, 이런 일들을 하는 데 무슨 프로그램이 필요하지?'라는 의문을 품을 수도 있을 것이다. 외견상 행복헌장 10가지 내용이 너무나도 평범하고 상식적이기 때문이다. 하지만 행복헌장 10가지를 꾸준히 실천하는 것은 겉으로 보이는 것만큼 간단한 일이 아니다. 그렇기 때문에 행복의 딜레마가 보여 주는 것처럼, 모든 사람들이 행복해지기를 원하지만 실제로 행복감을 경험하는 사람들은 드문 것이다.

2) 슬라우 행복 프로그램의 한계

흥미롭게도 BBC 방송국의 행복 프로그램의 문제점은 그 내용이 쉽다는 데 있지 않다. 오히려 그 프로그램의 내용은 날마다 실천하기가 너무나 어렵다는 데 있다. 그 대표적인 예가 잠들기 전에 감사해야 할 일 5가지를 생각하는 것이다. 만약 누군가 하루에 5가지씩 매일 반복해서 이 과제를 수행할 수만 있다면, 그 사람은 행복해지는 데 큰 도움을 받게 될 것이다. 문제는 인간은 기계가 아니기 때문에 사실상 처음에 이 작업을 통해 어느 정도 행복감이 증진되는 효과를 본 사람조차도, 시간이 지나면 점차 이 과제를 소홀히 하게 된다는 데 있다. 이런 점에서 BBC 방송국의 행복 프로그램과 같은 기존의 긍정심리 프로그램들은 정확한 행복의 기술을 제안하지만, 동시에 실용성이 부족한 행복의 기술을 소개하는 경향이 있다.

예를 들면, 크라이슬러(Chrysler) 사의 아이아코카(Iacocca) 회장은 자신이 성공한 비법을 다음과 같이 소개하였다. "무엇을 성취하고 싶은지 결정하라. 그다음 그것을 성취하기 위해 끊임없이 일하라."[15] 무엇을 결심하든지 간에 열심히 일하라는 아이아코카 회장의 말은 정확한 성공비결이기는 하지만 그러한 비결을 통해 도움을 받을 수 있는 사람은 그다지 많지 않을 것이다.

실제로 BBC 방송국의 행복 프로그램은 처음에 성공하는 듯 보였지만, 프로젝트가 끝나고 행복 전문가들이 철수하고 나자 주민들의 행복 정도가 이전 수준으로 되돌아갔다.[16] 이러한 결과는 향후 행복 프로그램이 나아갈 방향과 관련해서 중요한 시사점을 제공해 준다.

첫째, 우리가 행복해지기 위해서는 행복을 위한 덕목을 아는 것만으로는 충분하지 않다는 점이다. 이 시점에서 슬라우 행복 10계명을 다시 살펴보라. 사실 어떤 의미에서 그 10가지 행복수칙은 일반 성인이 새롭게 배울 필요가 있는 내용은 아니다. 단지 사람들이 이미 알고 있었지만 날마다 실천하기가 어려운 내용들이었을 뿐이다.

둘째, 사람들이 지금보다 조금 더 행복해지는 데 기여할 수 있는 진정한 행복의 기술은 형식적인 것이 아니라 암묵적인 것이어야 한다는 점이다. 슬라우 행복 10계명의 항목들은 전형적인 형식적 지식에 해당된다. 바로 그렇기 때문에 그러한 지식들은 사람들이 이미 알고 있는 상식보다 한 걸음 더 진보된 형태의 새로운 내용을 담고 있지 않다. 따라서 진일보된 형태의 행복 프로그램이라면, 형식적인 지식과 기술이 아니라 암묵적인 지식과 기술을 담고 있어야 할 것이다.

셋째, 진정한 행복의 기술은 행복의 문제를 단순히 '전술(tactic)'

의 차원에서만 다루지 않고 '전략(strategy)'적인 접근을 함께 취하는 형태가 되어야 한다는 점이다. 사전적인 의미로 전술은 전략이라는 거시적이고 장기적인 목적을 달성하기 위한 수단에 해당된다. 행복의 문제에서 전술과 전략을 구분하는 것은 행복의 기술이 삶 속에서 차지하는 가치를 평가하는 데 유용하다. 여기서 유의해야 할 점은 행복을 위한 전술에 파묻혀 전략의 중요성을 간과하는 오류를 범해서는 안 된다는 것이다.

예를 들면, 슬라우 행복 10계명 중에는 적어도 하루에 한 번은 낯선 사람에게도 미소를 짓거나 인사를 하라는 내용이 포함되어 있다. 아마도 누군가 이러한 생활수칙을 충실하게 따른다면, 인상 또는 성격이 좋다는 말을 듣는 데에 도움이 될 것이다. 따라서 미소 짓기 훈련은 행복과 관계된 전술 중 하나가 될 수 있다. 하지만 미소 짓기 훈련을 행복을 위한 주요한 전략으로 오해해서는 안 된다. 어느 연예인 지망생이 미소가 아름다워질 수 있도록 훈련한다고 해서 더 행복해지는 것은 아니기 때문이다.

인생 전체를 조망해 볼 때, 다시는 못 만날지도 모를 누군가와 미소를 교환하는 경험이 그 사람의 삶에서 과연 얼마나 중요한 의미를 가질 수 있을까? 또 누군가 진정으로 행복해지기를 원한다면, 그 사람은 반드시 이러한 생활 수칙을 따라야만 하는 것일까? 혹은 이러한 생활수칙을 따르지 않는 사람은 행복해질 수 없는 것일까?

사실 BBC 방송국의 행복 프로그램이 시간이 흐르면서 흐지부지된 중요한 이유 중 하나는 슬라우 행복 10계명의 개별 항목들이 10계명이라는 거창한 이름으로 불릴 만큼 중요한 내용이 아니었기 때문일 수 있다. 즉, 슬라우 행복 10계명에는 행복과 관계된 전술적 내용만이 담겨 있을 뿐 행복을 위한 근본적인 전략은 빠져 있었던 것이다. 이런 상황에서는 무의미하거나 효과가 크지 않은 전술 기반 행동들(예를 들면, 낯선 사람들에게 미소 짓는 것)이 참가자들의 '심리적인 자원'을 고갈시켜 행복을 위해 보다 중요한 전략적 행동들(예를 들면, 사랑하는 사람을 위해 헌신하는 것)에 부정적인 영향을 줄 수 있다.

많은 심리학 실험은 사람들이 자제력과 같은 심리적인 자원이 고갈되는 것에 얼마나 취약하며 그것이 얼마나 부정적인 영향을 주는지 잘 보여 준다. 히스 형제들은 이러한 현상을 휘트니스 클럽에서 벤치 프레스(벤치에 누워 역기를 들어 올리는 것)를 하는 상황을 예로 들어 설명하였다. 그들에 따르면, 사람들은 처음에는 벤치 프레스를 들어 올리는 것을 손쉽게 해낸다. 근육이 아직 신선한 활력을 유지하고 있기 때문이다. 하지만 횟수를 거듭할수록 근육은 피로해지고 결국 더 이상 역기를 들어 올리지 못하게 된다. 따라서 중요한 점은 전술적인 가치를 갖는 일 때문에 전략적인 가치를 갖는 일에 쓸 심리적인 자원이 고갈되어서는 안 된다는 점이다.

3) 긍정심리학의 자기계발 프로그램화

행복 프로그램에서 전술만 강조되고 전략은 뒷전으로 물러나 버리는 문제점은 긍정심리학 분야의 슈퍼스타인 셀리그만 교수가 소개하는 프로그램에서도 마찬가지로 발견된다. 셀리그만 교수는 『플로리시 *Flourish*』라는 저서에서 행복감 증진에 기여할 수 있는 친절 연습의 예로 다음의 일화를 소개한 적이 있다.

1센트짜리 우표 값이 올랐을 때, 셀리그만 교수는 우체국의 늘어

선 인파 속에서 투덜거리면서 서 있어야 했다. 1센트짜리 우표를 사기 위해 무려 45분 이상을 기다려야 했던 것이다. 거스름돈을 주고받는 것 때문에 행렬은 굼벵이처럼 움직였고 우체국 안에 있던 모든 사람들이 짜증을 내고 있었다. 드디어 셀리그만 박사의 차례가 되었을 때 그는 1000매를 구입했다. 그 후 자신에게 꼭 필요한 우표를 제외한 나머지 모두를 줄 서 있던 사람들에게 공짜로 나눠 주었다. 단 2분만에 우체국 안에서 짜증을 내던 모든 사람들이 사라져 버렸다. 그가 이 일을 하는 데는 단지 만 원 남짓한 돈이 들었을 뿐이었다. 그는 자신의 저서에서 이 일에 대해 "내 삶에서 가장 만족스러웠던 순간 중 하나였다."[17]라고 자랑스럽게 적었다.

셀리그만 교수가 소개한 일화가 행복과 관련해서 전술적인 가치를 갖는 것은 가능하다. 그렇기 때문에 그의 행동은 적어도 그런 행동을 안 할 때보다는 그렇게 행동할 때 행복해지는 데 더 큰 도움을 주는 것이 틀림없다. 하지만 그러한 행동의 전략적인 가치를 평가한다면 큰 의미를 갖기는 어렵다.

셀리그만 교수가 우체국에서 겪었던 일은 아마도 그가 하루를 즐겁게 보내는 데 분명히 도움이 되었을 것이다. 그렇다면 그 일은 그가 행복한 삶을 사는 데 얼마나 중요한 의미를 갖는 일이었을까? 만약 그가 그러한 일을 하지 않았더라면, 그의 삶은 어떠했을까?

물론 우체국 사건이 셀리그만 교수 개인에게는 중요한 의미를 갖는 일이었을 수 있다. 하지만 당시에 우체국에서 그의 도움을 받았던 사람들의 경우에는 다를 수 있다. 아마도 줄 서서 기다리던 사람들의 삶에서는 그 사건으로 인한 변화가 그다지 크지 않았을 것이다. 왜냐하면 우체국에서의 사건 그 자체는 줄 서서 기다리던 사람들에게 단지 일회성 에피소드에 불과하기 때문이다. 이처럼 사회적인 교류 상황에서 행위의 주체(셀리그만 교수)에게만 각별한 의미가 있고 사건에 동참한 사람들(줄 서서 기다리던 사람들)에게는 별다른 의미가 없는 경우, 그때의 행동은 사회적인 가치를 창출하지 못하기 때문에 진정한 행복감을 이끌어 내기는 어렵다.

결국 셀리그만 교수가 소개한 에피소드는 일반 사람들이 행복해지는 데 의미 있는 기여를 하기는 어려울 것이다. 예컨대, 그의 책을 읽은 누군가가 셀리그만 교수와 유사한 행동을 한다고 가정해 보자. 과연 셀리그만과 같은 행동을 한 사람이 얼마나 행복해질 수 있을까? 아마도 그러한 모방행동은 행위자가 행복감을 경험하는 데 별다른 영향을 주지 못할 것이다. 전술은 전술의 범위 내에서만 효과를 나타낼 뿐이기 때문이다. 따라서 우리가 진정으로 행복해지기 위해서는 단순히 '행복과 관계된 전술적 행동'이 아니라, '행복의 사회적 가치를 창출할 수 있는 전략적 행동'을 실천에 옮기는 것이 중요하다.

이런 점에서 긍정심리학에서 가장 유명한 셀리그만 교수의 긍정심리 프로그램이 대중적인 자기계발서에 등장함직한 내용들로 채워지고 있는 것은 조금은 안타까운 일로 보인다. 왜냐하면 바로 그러한 점 때문에 긍정심리 프로그램의 잠재력에도 불구하고 반대파로부터 조롱 섞인 비판을 받고 있기 때문이다. 예를 들면, 『긍정의 배신 *Bright-Sided*』이라는 저서에서 에런라이크(Ehrenreich) 박사는 2007년에 제6차 국제 긍정심리학 서밋(summit)에 참석했을 때의 경험을 다음과 같이 냉소적으로 기술하였다.

"마틴 셀리그만을 두 번째 만났을 때, 뜻밖에도 그는 우호적인 태도로 따뜻하게 나를 맞아주었다. 그는 내게 옆 자리에 앉으라고 하더니 오전에 있었던 '에너지 충전 휴식'을 즐겼는지 물었다. 대학원 여학생 몇 명이 나와서 대학원 수준에서 긍정심리학을 가르치는 문제에 관해 발표하는 중간에 끼어 있던 휴식 시간을 말하는 것이었다. 당시 진행자는 청중을 일으켜 어깨를 돌리고 목을 풀고 몸을 흔들게 한 다음 '아' 하고 큰 소리를 지르라고 했다. 몸이 좀 풀리자 리키 마틴의 〈컵 오브 라이프 *cup of life*〉가 흘러 나왔다. 무대 위의 여학생들이 안무에 맞춰 괴상한 춤을 추었고 일부 청중들은 맘대로 몸을 흔들었으며 나이 든 축에 끼는 이들은 모닥불을 밟아 끄는 것처럼 발을 구르기도 했다. 전국강연자협회 대회에 갔을 때 동기유발(혹은 자기계발) 강연자들이 청중에게 시켰던 것과 아주 흡사했다는 얘기는 굳이 꺼낼 필요가 없었다."[18]

물론 이처럼 짧은 만남을 통해 에런라이크 박사가 셀리그만 교수의 긍정심리 프로그램의 전모를 이해했다고 보기는 어렵다. 특히 셀리그만 교수는 『플로리시』라는 저서에서 에런라이크 박사에 대해 "희망을 증오하는 사람"[19]이라고 비판하면서 그의 주장에 대해 불쾌한 반응을 보였다.

하지만 에런라이크 박사가 지적한 내용은 긍정심리 프로그램의 향후 진로를 결정하는 데 중요한 시사점을 줄 수 있다. 왜냐하면 에런라이크 박사가 부분적으로는 타당한 지적을 하고 있기 때문이다. 에런라이크 박사의 지적대로, 셀리그만 교수의 프로그램이 다른 긍정심리 프로그램들과는 달리, 자기계발서와 비교적 거리를 두고 있는 편임에도 불구하고, 그의 프로그램조차 대중적인 자기계발서 내용과 유사한 인상을 주는 것 역시 사실이다.

4) 새로운 긍정심리학의 행복에 대한 고문

에런라이크 박사가 묘사한 제6차 국제 긍정심리학 서밋의 모습은 슬라우 행복 10계명의 내용과 매우 유사하다. 이런 점에서 셀리그만 박사의 긍정심리 프로그램도 BBC 방송국의 행복 프로그램과 유사한 위기 상황에 직면했었을 것으로 추측된다. 왜냐하면 셀리그만 교수가 직접 긍정심리 프로그램의 실패를 시인하는 발언을 했기 때문이다.

1998년에 셀리그만 교수는 한 인터뷰에서 10년 안에 실제로 행복 증진에 기여할 수 있는 효과적인 자기계발서들을 보게 될 것이라고 호언장담하였다.[20] 하지만 정작 10년도 채 지나지 않은 2007년에 그는 제6차 국제 긍정심리학 서밋에서 "나는 (이전의) 긍정심리학 이론이 완전히 틀렸다는 결론을 내렸습니다."[21]라는 말로 강연을 시작하였다.

그 후 그는 긍정심리학이 행복의 문제를 다루기 때문에 과학적으로 분석하기 힘들고, 이러한 문제를 해결하기 위해서는 '성공'이나 '성취' 등과 같은 개념을 도입해야 한다고 주장하였다. 심지어 그는 『플로리시』라는 저서에서 긍정심리학의 목표 중 행복이라는 단어를 아예 빼 버리고 웰빙이라는 단어로 대치해 버렸다.[22] 그에 따르면, 웰빙의 주요 구성요소는 긍정 정서, 몰입, 의미, 긍정적 관계 그리고 성취다. 그는 이것을 '페르마(PERMA)의 원리'라고 불렀다. PERMA

는 다음의 단어들의 첫 글자를 따서 만든 것이다. P=Positive Emotion(긍정 정서), E=Engagement(몰입), R=Relationship(긍정적 관계), M=Meaning(삶의 의미), A=Accomplishment(성취).

에런라이크 박사는 셀리그만 교수의 이러한 태도 변화가 긍정심리 프로그램에서 성취의 요소를 강조함으로써 점차 자기계발 프로그램화하고 있음을 반영하는 것으로 해석하였다. 하지만 이러한 변화에서 정작 더 중요한 점은 그가 긍정심리학의 목표와 구성요소에서 행복이라는 단어를 제거해 버렸다는 점이다.

셀리그만 교수는 긍정심리학의 목표에서 행복을 제거하면서 세 가지 이유를 논거로 들었다.[23]

첫째, 긍정 정서, 몰입, 의미, 긍정적 관계 그리고 성취는 행복이라는 단어로 담아 낼 수 없는 용어들이라는 점이다. 왜냐하면 기본적으로 몰입, 의미, 관계 및 성취는 감정을 표현하는 용어가 아니며 또 긍정 정서는 행복감의 지극히 일부만을 표현해 줄 수 있기 때문이다.

둘째, 행복을 평가하는 황금기준은 주관적인 만족도인데 이것을 객관적으로 평가하기는 어렵다는 것이다. 예를 들면, 삶에 대한 만족도는 응답자가 그 질문을 받는 시점에서 어떤 기분을 경험하고 있었는가에 의해 크게 영향을 받는다는 것이다. 따라서 삶의 만족도로 행복을 평가하는 방법은 기상학에서 마치 객관적인 기온을 주관적인 체감온도로 측정할 때와 같은 문제가 발생한다.

셋째, 행복을 삶의 만족도로 측정하는 경우 그러한 행복 개념에서는 구조물(construct)과 실물(real thing) 간의 분리가 일어나지 않는다는 것이다. 예를 들면, 기상학에서 날씨가 구조물이라면 기온, 습도,

풍속 및 기압은 실물이라고 할 수 있다. 그런데 행복을 구조물로 설정하고 그것을 삶의 만족도로 측정하면, 행복이 구조물인 동시에 실물이 되어 버린다. 왜냐하면 이러한 평가 패러다임에서는 행복이 삶의 만족도를 뜻하는 것으로 조작적인 정의가 이루어지기 때문이다.

셀리그만 교수의 긴 설명에도 불구하고, 긍정심리학의 목표와 구성요소에서 행복을 제거해 버리는 것은 "행복이 수없이 고문을 당할 것"이라는 키케로(Cicero)의 예언을 떠올리게 한다. 셀리그만 교수는 행복을 긍정심리학의 목표에서 제거하는 것이 불가피한 조치인 것처럼 설명했지만 이러한 주장은 재고될 필요가 있다.

첫째, 긍정 정서의 정의 문제다. 셀리그만 교수는 긍정 정서와 행복의 관계를 논의하면서 긍정성에 대한 정의를 명시적으로 소개하지 않았다. 하지만 긍정 정서에서 긍정성의 의미를 승화된 긍정성으로 간주할 경우, 그때의 긍정 정서는 행복의 일부가 아닌 가장 핵심적인 요소들을 설명해 줄 수 있다.

둘째, 행복을 삶의 만족도로 평가하는 문제다. 셀리그만의 비판 내용과는 달리, 행복을 반드시 삶의 만족도로만 측정할 이유는 없다. 기상학의 비유를 계속해서 사용한다면, 행복이라는 구조물은 삶의 만족도 이외에도 정신건강, 긍정 정서, 긍정적 관계, 신체적 건강, 사회적 성취 등의 다양한 실물들을 통해 평가하는 것이 가능하기 때문이다.

셋째, 긍정심리학이 행복의 심리학이 되고자 한다면, 웰빙이 아닌 행복이 목표가 되어야 한다. 만약 웰빙이 행복감과 똑같은 의미라면, 굳이 웰빙이라는 용어를 쓸 이유가 있을까? 그리고 만약 웰빙이 행복감과 같은 의미가 아니라면, 그것이 긍정심리학의 주요 목표가 되어야 할 이유는 더더욱 없을 것이다. 행복하지 않다면 웰빙이 무슨 의미가 있겠는가? 물론 긍정심리학이 '행복의 심리학'을 지향하지 않고 지금까지와는 다른 길을 갈 수도 있을 것이다. 하지만 그럴 경우에 지금까지처럼 전 세계적인 호응이 뒤따랐을지는 심히 의문이다.

비록 셀리그만 교수는 설명 과정에서 웰빙은 '구조물'이고 행복은 '실물'에 해당된다고 제안했지만, 웰빙에 기초한 새로운 긍정심리학 이론을 공식적으로 소개하는 부분에서는 행복이라는 단어를 명백히 빼 버렸다. 그리고 만약 웰빙이 '구조물'이고 행복은 '실물'이 될 수 있다면, 요즘과 같은 '웰빙의 시대'에서는 역으로 행복이 '구조물'이 되고 웰빙은 '실물'이 되는 식으로 이론화하는 것도 가능하다(이 부분과 관련해서는 29쪽의 〈고도를 기다리며〉에 관한 논의를 참고할 것). 어느 방향이 더 타당한지에 대한 최종 판단은 이론가의 신호도에 따라 달라질 수 있는 것이다. 따라서 행복을 긍정심리학의 구성요소에서 제거해야만 하는 필연적인 이유를 찾기는 어려울 것으로 보인다.

실제로 셀리그만 교수는 『플로리시』에서 첫 문장을 다음과 같이 시작하고 있다. "단언하건대, 이 책은 당신을 플로리시하도록 만들어 줄 것이다."[24] 왜 셀리그만 교수는 첫 문장을 "이 책은 당신을 행복하게 만들어 줄 것이다."라는 문장으로 시작하지 않았던 것일까? 이 문제에 관해서는 여러 해석이 가능하겠지만, 한 가지 분명한 점은 비단 셀리그만 교수가 아니더라도, 책의 서두를 "단언하건대, 이 책은 당신을 행복하게 만들어 줄 것이다."라는 표현으로 시작하기는 어려울 것이라는 점이다. 이것이 바로 행복과 웰빙 또는 행복과 플로리시가 서로 유사하면서도 미묘하게 다른 점이다.

이론적으로 플로리시와 행복은 같은 개념임에도 불구하고 사람들에게 주는 느낌상으로는 상당한 차이가 있을 수 있다. 바로 이런 점 때문에 사람들에게 "나는 플로리시한 상태에 있다."라고 말할 때에 비해, "나는 행복하다."라고 말하는 경우 '손발이 오그라드는 느낌'이 조금 더 심하게 들 수 있다. 물론 그런 느낌이 드는 것은 양쪽 상황 모두 마찬가지일 것이다. 다만 상대적인 의미에서 그렇다는 의미다.

여기에서 중요한 점은 플로리시한 상태에 있는 저자만이 "이 책은 당신을 플로리시하도록 만들어 줄 것이다."라고 말할 수 있고, 또 진정으로 행복한 저자만이 "이 책은 당신을 행복하게 만들어 줄 것이다."라고 적을 수 있다는 것이다. 이런 점에서 아마도 "단언하건대, 이 책은 당신을 행복하게 만들어 줄 것이다."라는 표현은 행복을 연구하는 모든 연구자들의 로망(roman)으로 남게 될 것이다.

미주

1) 류시화 편저(1998). 지금 알고 있는 것을 그때도 알았더라면. 서울: 열림원. p. 90.

2) Lamb, C. (1935). *The complete works and letters of Charles Lamb*. New York: The Modern library. p. 110.

3) Garfield, S. L. (1980). *Psychotherapy: An eclectic approach*. New York: Wiley.

4) Thaler, R. H., & Sunstein, C. R. (2009). *Nudge: Improving decisions about health, wealth, and happiness*. New York: Penguin Books.

5) Heath, C., & Heath, D. (2010). *Switch: How to change things when change is hard*. New York: Broadway Books.

6) Thaler, R. H., & Sunstein, C. R. (2009). *Nudge*. pp. 17-39.

7) Nozick, R. (1974). *Anarchy, state and utopia*. New York: Basic Books.

8) 폴 피어솔(2007). 역설의 심리학(정태연, 전경숙 공역). 서울: 동인. pp. 28-29.

9) 리처드 와이즈먼(2009). 59초. 서울: 웅진 지식하우스. pp. 62-64.

10) 폴 피어솔(2007). 역설의 심리학. pp. 42-43.

11) Tabak, L. (2007). If your goal is success, don' t consult the Gurus. *Fast Company, 18 December*.

12) Gilbert, D. (2006). *Stumbling on happiness*. Foreword XVII.

13) Buckley, C., & Tierney, J. (1998). *God is my broker*. New York: Random House.

14) Hoggard, L. (2007). *How to be happy: Lessons from making Slough happy*. London: BBC Books. p. 13.

15) 폴 피어솔(2007). 역설의 심리학. p. 74.

16) 동아일보(2011. 5. 14). O2/이슈: 김인자 총장, 긍정심리학을 말하다.

17) Seligman, M. E. P. (2011). *Flourish: A visionary new understanding of happiness and well-being*. New York: Free Press. p. 21.

18) 바브라 에런라이크(2011). 긍정의 배신(전미영 역). 서울: 부키. p. 240.

19) Seligman, M. E. P. (2011). *Flourish*. p. 201.

20) Saroyan, S. (1998). Happy days are here again. *Elle, Dec.*

21) 바브라 에런라이크(2011). 긍정의 배신. p. 243.

22) Seligman, M. E. P. (2011). *Flourish*. p. 12.

23) Seligman, M. E. P. (2011). *Flourish*. pp. 13-14.

24) Seligman, M. E. P. (2011). *Flourish*. p. 1.

04

멘탈 휘트니스
긍정심리 프로그램

04

멘탈 휘트니스 긍정심리 프로그램

말을 떠나라.

실재(實在)의 거울을 보라.

모든 미완성의 것들이

완성을 위하여 나아가도다.

–루미(Rumi)–[1)]

1. 멘탈 휘트니스

정신건강 전문가들의 핵심 활동 영역 중 하나는 심리치료다. 그런데 긍정심리학을 학문적 근간으로 삼는 정신건강 전문가들에게는 자연스럽게 주어지는 화두(話頭)가 하나 있다. 그것은 바로 심리치료와 긍정심리학을 통합하는 문제다.

긍정심리학에 관심을 갖는 정신건강 전문가들이 적어도 한 번은 거쳐 가게 되는 고민은 '과연 심리치료를 받는다는 것이 긍정적인 일인가?' 하는 의문이다. 만약 대학 졸업 후 10년만에 만난 학교 친구가 "야, 오랜만이다. 많이 변했네. 그런데 너 심리치료 좀 받아야겠다."라고 말한다면, 이것이 과연 누구나 반길 만한 긍정적인 대화에 해당될까? 그렇지는 않을 것이다.

정신건강 영역에서 긍정적 정신건강(positive mental health)의 문제가 체계적으로 다루어지기 시작한 것은 야호다(Jahoda)가 기존의 문헌들을 종합적으로 정리하여 긍정적 정신건강의 준거를 제시하면서부터다. 여기서 긍정적 정신건강의 문제란 정신적으로 건강해지고자 하는 활동(심리치료)이 사람들에게 부정적인 인상을 주지 않도록 하는 문제를 말한다. 야호다는 긍정적 정신건강의 여섯 가지 기준으로 자기에 대한 긍정적 태도, 통합성, 자율성, 현실적 지각, 환경에 대한 통제력 그리고 자기실현을 제시하였다.[2]

그 이후에 넛슨(Knutson)은 정신건강 영역에서 새로운 이정표를 마련하기 위해서는 정신장애 및 사회복지 영역의 전문가뿐만 아니라, 사회과학, 인문학, 교육학, 종교학 그리고 철학의 전문가들이 공동으로 참여할 수 있도록 하는 것이 중요하다고 주장하였다.[3] 이런 맥락에서 그는 정신건강을 대체할 수 있는 새로운 개념을 모색하는 것이 필요하다고 제안하였다. 넛슨의 청원(plea)에 대한 답변으로 매카시는 1964년에 세계 최초로 '멘탈 휘트니스(mental fitness)'라는 신개념을 제안하였다.[4]

멘탈 휘트니스는 마치 신체적인 휘트니스를 통해 신체적인 건강을 획득하고 유지할 수 있는 것처럼, 체계화된 정신적 훈련 과정을 통해 정신건강, 즉 행복이 성취될 수 있음을 암시해 준다. 이러한 멘탈 휘트니스라는 표현은 정신건강이라는 용어에 비해 정신과 영역의 문제를 다룬다는 부정적인 인상을 주는 것을 피할 수 있도록 해 준다는 장점이 있다.

사람들은 정신장애 혹은 정신과적인 문제에 연루되는 것을 심각하게 기피하는 경향이 있다. 일반적으로 휘트니스 클럽에 운동하러 오는 사람들은 건강한 사람과 재활 훈련이 필요한 사람일 것이다. 실제로 휘트니스 클럽에는 이 두 부류 중에서 어느 쪽이 더 많을까? 당연히 건강한 사람들일 것이다. 이런 점에서 휘트니스 클럽은 건강한 사람들이 육체적으로 더욱더 튼튼해지기 위해 체력을 단련하는 공간이라고 할 수 있다. 마찬가지로 멘탈 휘트니스는 정신적으로 건강한 사람들이 한층 더 수준 높은 정신적 번영 상태에 도달할 수 있도록 돕는 심리학 프로그램이라고 할 수 있다.

사실 1970년대까지만 해도 우리나라에서는 극소수의 운동선수들과 부유층만이 신체적인 휘트니스에 관심을 가졌다. 하지만 그 이후로 신체적인 휘트니스는 급속도로 저변 확대가 이루어졌다. 이런 점에서 장차 멘탈 휘트니스 프로그램 역시 신체적인 휘트니스 이상으로 우리 사회에서 널리 보급될 수 있을 것이다. 마지막으로, 멘탈 휘트니스의 핵심 개념은 다음과 같이 요약할 수 있다. '몸을 위한 신체적인 휘트니스, 마음을 위한 멘탈 휘트니스'

2. 멘탈 휘트니스의 패러독스

멘탈 휘트니스에는 패러독스가 존재한다. 그것은 바로 행복감을 증진시키기 위한 노력이 절실히 요구되는 사람들은 멘탈 휘트니스에 관심을 거의 안 기울이지만, 행복감을 경험하는 측면에서 이미 남들보다 더 뛰어나기 때문에 더 이상 추가적인 노력이 필요 없는 사람들은 오히려 일반인보다 멘탈 휘트니스에 더 큰 관심을 둔다는 것이다.

예를 들면, 하버드 대학의 성인발달 연구 결과에 따르면,[5] 다른 동기들보다 더 행복한 삶을 살고 있었기 때문에 연구 참여자로 선발되었던 하버드 대학의 졸업생들이 일반인보다 심리치료를 약 3배 더 많이 받은 것으로 나타났다. 이러한 결과는 그들이 일반인보다 삶에서 더 큰 위기를 겪거나 스트레스를 받았기 때문은 아니었다. 그보다 그들은 행복과 정신건강의 중요성을 일반인보다 더 실감나게 이해하고 있었기 때문으로 보인다. 다시 말해, 그들은 덜 행복했기 때문이 아니라, 보통 사람들보다도 삶에 더 적응을 잘했으면서도 정신적으로 더욱더 건강해지기 위해 심리 상담 및 치료를 받았던 것이다. 이는 체력 단련을 위해 휘트니스 클럽에 열성적으로 출입하는 사람들 중에는 운동이 절실히 요구되는 사람들보다는 신체적으로 건강한 사람들이 더 많이 포함되어 있는 것과 유사한 이치라고 할 수 있다.

영국의 코미디언 이자드(Eddie Izzard)는 '케이크냐, 죽음이냐'라는 코너에서 중세의 종교재판에서의 재판관 역할을 하면서 엄숙한 태도로 피고에게 "케이크를 원하는가, 죽음을 원하는가?"라고 묻는다. 이 코미디의 묘미는 모든 피고가 케이크를 원한다고 대답하면, 재판관이 마치 사람들이 그렇게 대답할 줄 몰랐다는 식으로 당황하는 연기를 하는 데 있다. 이 예에서의 중요한 포인트는 선택 대상에 대한 주관적인 기대가 다를 때는 비록 똑같은 대상일지라도 사람들마다 구체적인 의미가 달라질 수 있다는 점이다. 이자드의 코미디에서 죽음과 케이크는 피고와 재판관에게 서로 다른 의미를 갖는 대상이라고 할 수 있다.

사람들의 주관적인 믿음과는 다르게 객관적인 기준으로는, '심리치료를 받을 것인가, 말 것인가'라는 질문은 '케이크냐, 죽음이냐' 라는 물음만큼이나 대답하기 쉬운 질문이다. 하지만 문제는 대부분의 사람들이 그렇게 생각하지 않는다는 것이다. 즉, 일반 사람들에게 심리치료를 받는 상황은 '케이크냐, 죽음이냐'에서 케이크 대신 죽음을 선택하는 것에 가깝다.

적어도 아직까지는 사회적인 통념상 심리치료를 받는다는 것이 누구나 반길 만한 활동으로 여겨지지 않는 것으로 보인다. 이것은 아마도 일반 사람들의 눈에는 심리치료가, 영국의 기숙학교 교장이었던 샌더슨(Frederick W. Sanderson)의 표현을 빌리자면,[6] "무정부적, 혁명적, 정력적, 악마적, 디오니소스적 열정의 타오르는 불꽃"을 주체하지 못하는 영혼들에게나 필요한 활동 정도로 치부되기 때문인 것 같다. 하지만 심리 상담 및 치료는 '성장과 행복을 위해 안전과 행복의 위험을 무릅쓰는 사람'이라면 반드시 거쳐 가야 할 필수코스다. 이런 점에서 만약 진정으로 행복을 원한다면, 정신과 의사인 동시에 실존주의 심리학자였던 프랭클(Victor Frankl)의 말을 기억해 둘 필요가 있다. 그는 삶에서 "빛을 내려면, 불타는 것을 견

더야 한다."[7]고 말했다.

멘탈 휘트니스의 패러독스는 일반 사람들이 가슴 속에 품고 있는 행복 본능을 온전하게 발휘하는 데 어려움을 겪는 것과 관계가 있다. 특히 멘탈 휘트니스 패러독스 문제에서의 핵심은 사람들이 자신을 행복하게 만들어 줄 수 있는 것이 과연 무엇인지를 판단하는 데 매우 서툴다는 점이다.[8] 일반적으로 사람들은 명품 핸드백이나 자동차처럼 물질적인 가치를 지닌 것들이 행복에 기여하는 정도는 지나치게 높게 평가하는 반면에, 삶의 의미 등과 같은 심리적인 과정이 행복에 기여하는 측면은 상대적으로 낮게 평가한다.

다음의 〈표 4-1〉은 1970년과 2000년에 미국 시민들의 필수품에 대한 인식을 조사한 결과다.[9] 이 표는 해당 물품을 필수품으로 간주하는 시민들의 비율이 1970년과 2000년 사이에 어떻게 달라졌는지를 보여 준다. 그 결과에 따르면, 미국 시민들은 과거에 불필요하다고 믿었던 물품들에 대해서 30년이 지난 다음에는 필수품이라고 믿게 되었다.

또 대학에 진학하는 동기를 조사했을 때에도 가장 중요한 진학동기를 경제적인 측면에서 찾는 학생들의 비율이 지난 20년 사이에

표 4-1 미국 시민들의 필수품에 대한 인식 변화

	1970년	2000년
세컨드 카	20%	59%
세컨드 TV	3%	45%
한 대 이상의 전화기	2%	78%
자동차 에어컨	11%	65%
가정용 에어컨	22%	70%
식기 세척기	8%	44%

25%에서 현재 74%로 약 세 배나 증가한 것으로 나타났다.[10] 반면에 삶의 의미 등과 같은 심리적인 가치 때문에 대학에 진학한다고 응답하는 학생의 비율은 정반대로 줄어들었다.

〈표 4-1〉과 진학동기 조사 결과는 일반 사람들이 기본적으로 물질적 가치를 중시하는 쾌락주의자라는 점을 보여 준다. 하지만 문제는 사람들이 물질적인 가치를 중시하고 심리적인 가치를 경시할수록, 진정한 행복감을 경험하게 될 가능성이 줄어들 수밖에 없다는 점이다. 프랑스의 사상가 토크빌(Alexis de Tocqueville)은 약 170년 전에 미국을 여행한 후, 물질적 가치를 추구하는 태도의 문제점에 대해 다음과 같이 지적하였다.

> 나는 세상에서 가장 행복한 여건을 누리며 가장 자유롭고 가장 좋은 교육을 받은 사람들을 미국에서 보았다. 하지만 내 눈에는 그들의 미간에 항상 구름이 끼어 있고, 즐길 때조차도 심각하다 못해 거의 슬픈 것처럼 보였다. 그들은 모든 것을 움켜쥐고 있지만 아무것도 확고하게 붙잡고 있지 않았기 때문에 뭔가 새로운 기쁨을 황급히 좇아가면서 쥐고 있던 걸 놓치고 있었다.[11]

정신건강과 관련된 교양교육을 받지 않은 상태에서 일반 사람들이 행복해지기 위해 노력할 때, 물질적 가치 중심의 쾌락주의적 태도를 갖게 되는 것은 피하기 어려운 일로 생각된다. 이러한 조건하에서 멘탈 휘트니스의 패러독스 문제를 해결하는 방법은 단 하나밖에 없다. 물질적 가치 중심의 쾌락주의적 행동보다 심리적인 가치에 기초한 행동이 훨씬 더 큰 행복감을 선사해 준다는 점을 보여 주는 것이다. 이러한 해결책을 비유적으로 표현하자면 다음과 같다.

많은 사람들이 보이는 쾌락주의적인 행동은 다음과 같이 요약할 수 있다. "섹스는 피자와 같다. 왜냐하면, 그것이 좋을 때는 정말 좋다. 그리고 그것이 나쁠 때도 여전히 아주 좋다."[12] 바로 이러한 태도가 멘탈 휘트니스의 패러독스 문제를 야기하는 것이다. 하지만 코미디언 리랜드(Leland)는 왜 쾌락주의적인 행동보다 심리적인 가치 중심의 멘탈 휘트니스가 더 좋은 것인지를 다음과 같이 설명하였다. "관객들을 웃게 만드는 것이 섹스보다 낫다. 나는 관객들과 한꺼번에 섹스를 해 본 적은 없다."[13]

3. 전통적 심리상담과 멘탈 휘트니스의 효과 비교

멘탈 휘트니스의 패러독스 문제를 해결하기 위해서는 사회적으로 정신건강 교양에 대한 교육을 강화하는 것이 필요하다. 정신건강 교양(mental health literacy)은 "정신장애의 인식, 관리 혹은 예방에 도움이 되는 정신건강 관련 지식과 신념"을 말한다.[14] 정신건강 전문가들은 정신건강 교양 수준을 높이는 것이 자살 예방 및 행복감 증진에 크게 기여할 수 있다고 믿는다.[15]

사회적인 통념상, 정신건강은 '정신장애가 없는 것'과 동의어로 취급된다. 하지만 전통적으로 의학적인 접근에서 주장해 왔던 것과는 달리, 정신건강은 단순히 정신장애가 없는 상태를 의미하지 않는다.[16] 최근의 연구 결과는 정신장애와 정신건강이 서로 다른 차원이라는 점을 보여 준다. 예를 들면, 미국인의 정신장애, 만성 신체 질환, 심리사회적 기능 등을 살펴본 결과, 플로리시, 즉 정신적 번영 상태가 개인 및 사회의 경제적 손익과 밀접한 관계가 있는 것으로 나타났다. 또 미국인의 경우, 정신장애가 없는 사람들 중에서도 플로리시 상태에 도달한 사람은 극소수인 것으로 드러났다.

에모리(Emory) 대학의 키스(Corey Keyes) 교수에 따르면, 플로리시의 개념을 고려할 경우, 긍정적 정신건강 모델에서 정신건강 유형은 여섯 집단으로 재구성할 수 있다. 이 여섯 집단은 정신장애의 유무와 정신적 웰빙 수준에 따라, 〈표 4-2〉와 같이 요약될 수 있다.

표 4-2 긍정적 정신건강의 여섯 가지 유형

정신적 웰빙 수준	정신장애가 있음	정신장애가 없음
상	정신적 취약 집단	플로리시(정신적 번영) 집단
중	정신적 쇠약 집단	낮은 스트레스 집단
하	정신장애 집단	정신적 피로 집단

이 여섯 집단의 시각적인 비교를 위해 빈도분포도를 작성해 보면, [그림 4-1]과 같다. 이 자료는 미국을 기준으로 했을 때, 일반 인구와 정신적으로 건강한 엘리트 집단 간 여섯 가지 정신건강 유형의 분포를 비교한 것이다. 이러한 이론적 모형을 긍정적 정신건강 모형이라고 부르는 이유는 '질병이 없다는 의미에서 정신적으로 건강한 상태'와 '정신적 번영 측면에서 정신적으로 건강한 상태'를 구분하기 위해서다. 이 중에서 후자를 긍정적 정신건강이라고 부른다.

키스 교수에 따르면, 플로리시, 즉 정신적 번영 집단의 경우, 일반인 집단에서는 약 17%인 반면에 정신적으로 건강한 엘리트 집단에서는 약 66%로 추정된다. 대조적으로 정신과적 문제 증상을 보이는

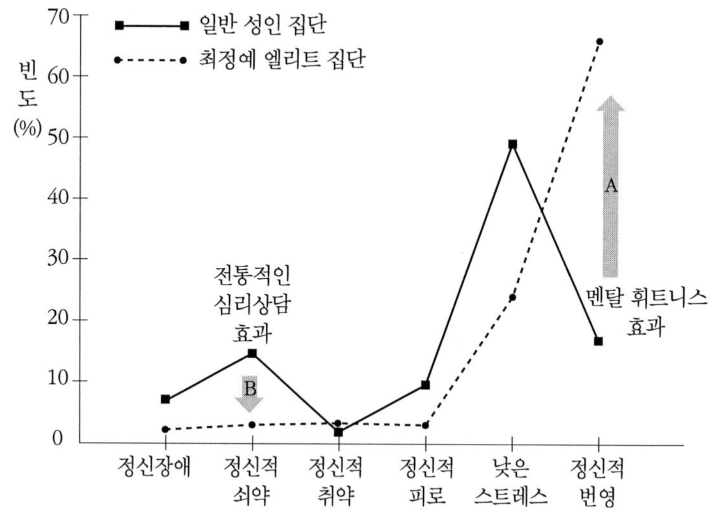

[그림 4-1] 전통적 심리상담과 멘탈 휘트니스의 효과 비교

집단(정신장애, 정신적 쇠약, 정신적 취약 집단)의 경우, 일반인 표본에서는 약 23%인 반면에 정신적으로 건강한 표본에서는 약 8%로 추정된다. 그러므로 정신건강 프로그램에서는 B의 높이를 낮추려는 노력과 A의 높이를 키우려는 노력을 동시에 기울여야 한다. 하지만 B의 효과(15%: 23%를 8%로 낮춤)보다는 A의 효과(49%: 17%를 66%로 높임)가 더 큼에도 불구하고, 지금까지 정신건강 전문가들은 주로 B의 높이를 낮추는 데 주력해 왔다. 따라서 향후 사회적으로 A의 효과를 증가시키려는 노력, 즉 멘탈 휘트니스를 증진시키기 위한 노력이 필요해 보인다.

4. 행복을 위한 암묵적 지식과 기술

멘탈 휘트니스 프로그램에서는 '마음먹기만 한다면, 누구나, 언제나, 어디서나, 손쉽게 활용할 수 있는, 행복과 관계된 심리학적인 기술들'을 다룬다. 여기에서 중요한 포인트는 멘탈 휘트니스에서 행복과 관계된 암묵적 지식(tacit knowledge)과 기술을 다룬다는 점이다.

일반적으로 지식은 형식적 지식(codified knowledge)과 암묵적 지식으로 분류할 수 있다. 형식적 지식에는 '일반적 지식(know what)'과 '원리에 관한 지식(know-why)'이 있다. 이러한 형식적 지식에서는 객관적 사실에 기초한 정보에 초점을 맞추게 된다. 그리고 이러한 지식은 주로 언어적인 체계를 통해 전달된다. 반면에 암묵적 지식은 주로 '방법에 관한 지식(know-how)'과 '전문가에 관한 지식(know-who)'을 포함한다. 친교 기술 등과 같이 쉽게 형식화할 수 없는 '방법에 관한 지식'은 주로 사회적인 상황에서의 교류를 통해 습득되는 지식을 말한다. 또 사회적인 문제 상황에서 누구에게 도움을 청해야 하고 또 자신이 어떤 사람들의 사회적인 지지를 받을 수 있는 지에 대한 정보 역시 사회적인 상호작용 과정에서 습득되는 것이 일반적이다. 바로 멘탈 휘트니스에서는 이처럼 언어적으로 전달하는 것이 불가능하거나 그만큼 어려운 행복 관련 암묵적 지식을 사람들에게 전하게 된다.

행복 관련 암묵적 지식이 언어로는 전달되기 어렵다는 표현이 생소하게 느껴질 수 있기 때문에, 암묵적 지식의 문제를 자전거 타는 기술을 예로 들어 설명해 보겠다. 언어적으로 표현을 할 경우, 자전거 타는 기술은 안장에 올라탄 다음에 자전거가 왼쪽으로 기울면 무게중심을 오른쪽으로 옮기고 또 자전거가 오른쪽으로 기울면 무게중심을 왼쪽으로 옮기는 것이라고 할 수 있다. 하지만 자전거를 한 번도 타 본 적이 없는 아이가 이러한 설명만을 듣고서 자전거를 곧바로 타게 되는 것은 사실상 불가능하다. 왜냐하면 자전거 타는 기술은 말로 전달될 수 있는 것이 아니라 훈련을 통해 몸에 배는 것이 중요한 기술에 해당되기 때문이다. 행복에 관한 심리학적인 기술도 마찬가지다.

제3장에서 소개한 바 있는 심리학자 길버트는 『행복에 걸려 비틀거리다』에서, 사람들이 현실에서 행복감을 경험하기 어려운 이유 중 하나는 미래를 상상하며 범하는 오류 때문이라고 설명하였다.[17] 그에 따르면, 사람들이 현재 이 일을 하면 자신이 나중에 행복해질 수 있다고 믿었기 때문에 선택했던 행동이 실제로 미래에 가서는 이전에 기대했던 것만큼 만족감을 주지 않을 수 있다. 이러한 일이 일어나는 근본적인 이유는 바로 행복의 심리학적 기술이 암묵적인 형태로 구성되어 있기 때문이다.

이런 점에서 행복의 심리학적인 연금술로서의 멘탈 휘트니스는 무지개와 같은 특성을 가지고 있다고 할 수 있다. 실제로 존재하는 기술이지만, 무지개만큼이나 손으로 붙잡기는 어렵다. 하지만 손으로 붙잡기 어렵다고 해서 무지개가 존재하지 않는 것은 아니다. 행복의 기술도 마찬가지다. 길버트가 『행복에 걸려 비틀거리다』에서 시종일관 소개하고 있는 것처럼, 행복의 기술이 사람들의 손에 잘 잡히지 않는 것이라고 해서, 그러한 기술이 실제로 존재하지 않는다는 것을 뜻하지는 않는다.

5. 멘탈 휘트니스와 시행착오 피드백

행복의 기술은 기본적으로 암묵적인 특성을 지니고 있기 때문에 그러한 기술을 전하는 방식도 지식의 특성에 따라 영향을 받을 수밖에 없다. 기본적으로 행복의 기술을 훈련하는 과정에서는 언어 자체보다는 행복의 의미를 읽어 내는 것이 다른 무엇보다 중요하다. 이런 점에서 멘탈 휘트니스 프로그램에서 활용하는 행복을 위한 테스트북은 청사진(blueprint)이 아니라 레시피(recipe: 요리법)의 형태에 더 가깝다.

청사진과 레시피 간에는 중요한 차이점이 있다.[18] 청사진은 일종의 설계도라고 할 수 있다. 이러한 청사진에는 최종 제작품의 세세한 항목들이 빠짐없이 기록되어 있다. 이러한 청사진의 대표적인 특징은 가역적인 특성을 갖고 있다는 점이다. 컴퓨터 설계사에게 컴퓨터를 보여 주면, 그는 해당 컴퓨터의 청사진을 재현해 낼 수 있다. 하지만 요리사에게 어떤 요리를 맛보라고 주었을 때, 보통의 경우 그는 요리법을 똑같이 재현해 내지 못할 것이다. 왜냐하면 청사진의 내용은 최종 제품의 해당 항목들과 일대일로 대응하지만, 요리의 세계에서는 그러한 일대일의 대응관계가 존재하지 않기 때문이다.

아마도 어떤 두 사람이 동일한 레시피와 재료를 가지고 있다고 해도, 최종 요리의 결과물이 같아지는 경우는 거의 없을 것이다. 마찬가지로, 멘탈 휘트니스 프로그램에서 동일한 행복 레시피를 제공하더라도, 최종 프로그램의 효과는 참여하는 사람들마다 달라질 수밖에 없다.

또 행복의 기술을 전할 때는 행복의 기술이 암묵적인 특성을 갖고 있는 점을 고려하여 동일한 메시지도 참여하는 사람들의 특성에 맞게 재단하는 것이 필요하다. 『논어(論語)』에는 암묵적 특성을 고려하여 배우는 사람이 누구냐에 따라 구체적인 메시지가 달라져야 한다는 공자(孔子)의 가르침이 나온다.[19]

> 어느 날 자로(子路)는 스승인 공자(孔子)에게 다음과 같이 물었다. "옳은 말을 듣고 난 다음에는 당장 이를 행동으로 옮겨야 합니까?" 그러자 공자는, "아버지나 형이 있는데 의논도 하지 않고 그러면 되겠느냐!"면서 크게 꾸짖었다. 그런데 똑같은 질문을 염유(冉有)가 하자, 공자는 옳은 말을 들으면 곧바로 행동으로 옮기는 것이 좋다고 대답했다. 사제지간의 이러한 대화를 곁에서 듣고 있던 공서화(公西華)가 두 대화 내용의 모순에 관해 질문을 하자, 공자는 "자로는 행동이 앞서는 성격이라서 자제시킨 것이며, 염유는 우유부단한 성격이라서 격려한 것이다."라고 대답했다.

자로와 염유의 사례를 기준으로 한다면, 공자의 가르침을 언어로 표현하는 것 자체가 불가능하지는 않다. 예를 들면, '행동이 앞서는 사람에게는 신중함을 강조하고, 우유부단한 사람에게는 실천의 중요성을 강조한다.'로 요약해 볼 수 있다. 하지만 문제는 공자의 가르침을 이렇게 언어로 표현하는 순간 공자의 진의는 사라져 버리게 된다. 왜냐하면 이러한 언어적 표현 속에는 자로와 공자가 대화를 주고받는 상황적 맥락에 대한 정보가 사라져 버리기 때문이다.

암묵적 특성을 다룰 때 언어적인 구속에서 자유로워져야 한다는 메시지는 부처와 제자의 대화 속에도 발견된다.[20] 부처는 제자들에게 다음과 같이 설법하였다.

> 한 사람이 붓다(부처)에게 다가와서 물었다. "나는 절대자를 믿는 사람입니다. 부처님께서는 신이 존재한다고 생각하십니까?" 붓다는 그의 질문을 절대적으로 부정해 버렸다. 붓다는 말했다. "신은 존재하지 않는다. 과거에도 존재하지 않았으며, 미래에도 존재하지 않을 것이다." 오후에 또 다른 사람이 붓다에게 와서 말했다. "나는 무신론자입니다. 나는 신의 존재를 믿을 수가 없습니다. 부처님은 어떻게 생각하십니까?" 붓다가 말했다. "오직 신만이 존재한다. 신을 제외한 그 아무것도 존재하지 않는다." 저녁에 세 번째 사람이 와서 붓다에게 말했다. "나는 불가지론자입니다. 나는 신의 존재를 믿을 수도, 믿지 않을 수도 없습니다. 신은 존재합니까? 존재하지 않습니까?" 붓다는 그의 말에 침묵으로 일관했다. 붓다의 제자인 아난(Annand)이 이 일이 너무나 궁금한 나머지 붓다에게 그 이유를 물었다. 그러자 붓다는 "왜 그대는 꼭 질문에 대해서 대답만을 들으려 하는가? 진리는 논리적이 될 수 없으며 언어적인 추론도 될 수 없다. 나는 단지 상황만을 만들어 낼 뿐이다. 상황이 만들어질 때 언어로는 전달될 수 없는 그 무엇인가가 전달될 것이다. 그러므로 '어떻게' 를 단순히 말로만 표현하지는 마라. 그보다는 주어진 상황 자체를 인식하려 노력하라."

철학자 비트겐슈타인(Wittgenstein)은 "말하지 않고 보여질 수 있는 진리가 있다."[21]고 말했다. 삶에서 정말 중요한 것들은 단지 가리킬 수 있을 뿐이다. 그렇기 때문에 옛 성현의 가르침을 전하는 서적들에서는 어떤 것을 말로 표현하려 하기보다는 가리키려고 노력했다. 이른바 '손가락으로 달을 가리키는 방법'을 사용하는 것이다. 이때 달을 보려면, 시선은 손가락을 벗어나야 한다.

행복을 훈련하는 과정에서도 마찬가지다. 멘탈 휘트니스 프로그램이 소개하는 레시피는 목적에 해당되는 것이 아니라 목적을 달성하기 위해 활용되는 수단일 뿐이다.

다행스럽게도 암묵적 지식을 전달하는 효과적인 방법이 적어도 한 가지는 존재한다. 그것은 바로 '시행착오 피드백'이다. 제2차 세계대전 동안 영국은 자국 비행기와 적국 비행기를 빠르게 구분해 내는 관측병을 필요로 했다. 전쟁 초기에는 영국인 중 비행기 매니아들이 그 역할을 해 주었다. 하지만 이들의 역할이 중요해지면서 점차 많은 관측병들이 필요하게 되었다. 하지만 문제는 자국 비행기와 적국 비행기를 빠르게 구분해 내는 노하우를 언어적으로는 전달할 수 없었기 때문에, 비행기 매니아들이 자신의 감별 기술을 신참들에게 전수하는 데 심각한 어려움을 겪었다.

숱한 난관을 거친 후에, 영국군 관계자는 시행착오 피드백이 비행기 감별 기술을 전수하는 데 효과적임을 깨달았다.[22] 이때 시행착오 피드백은 훈련자들이 비행기가 어느 나라 소속인지를 추측할 때마다 비행기 매니아들이 맞았는지 여부를 알려 주는 식으로 진행되었다. 이러한 피드백 훈련 결과, 신참들도 나중에 가서는 비행기 매니아만큼이나 정확하게 자국 비행기와 적국 비행기를 식별할 수 있게 되었다.

멘탈 휘트니스 프로그램을 통해 행복의 기술을 훈련한다는 것은 이러한 시행착오 피드백을 받는다는 것을 의미한다. 개인 상담이든 아니면 집단 상담의 형태든 간에 멘탈 휘트니스 프로그램 진행자는 참여자들의 활동에 대해 행복의 기술 관련 시행착오 피드백을 전달함으로써 그들이 행복감을 증진할 수 있도록 돕는다.

6. 멘탈 휘트니스의 달인

세상에는 무수히 많은 고수가 존재한다. 그리고 당연히 행복의 달인도 존재할 수 있다. 그렇다면 영국의 남극 탐험가인 섀클턴(Ernest Shackleton)은 '멘탈 휘트니스의 달인' 중 하나로 이름을 당당히 올리기에 부족함이 없어 보인다.

섀클턴은 1914년에 3200km에 달하는 거리의 남극 대륙횡단을 시도했다. 그러나 그와 27명의 탐험대원들이 탄 배는 커다란 빙산에 열 달 동안 갇혀 있다가 결국 침몰하고 말았다. 섀클턴 일행은 배에서 탈출해 수개월 동안 빙산 위에서 표류하다가 간신히 엘리펀트(Elephant) 섬에 도착했지만 추위와 굶주림 등으로 절대절명의 위기 상황에 처하게 되었다. 이때 섀클턴은 전 대원을 살리겠다는 일념으로 죽음의 항해와 등정을 거듭한 후에 전 대원들을 무사히 구조해냈다. 그 누구도 살아남기 어려운 남극탐험 과정에서 섀클턴은 죽음의 그림자가 드리워진 위기 상황에서 맞이했던 어느 날 아침의 정경을 다음과 같이 기록했다.

> 우리는 거친 암석과 흔들리는 해초 사이로 좁은 길을 헤쳐 나아갔고, 동쪽으로 방향을 틀었다. 안개를 뚫고 나타난 태양이 물결치는 바다에 만들어 내는 불꽃들을 보면서 우리는 흥겹게 항해했다. 그 밝은 아침과는 잘 어울리지 않는 특이한 집단이었지만, 우리는 행복했다. 심지어 노래를 부르기까지 했다. 아마도 사람들이 우리를 봤다면, 노르웨이의 피요르드나 뉴질랜드 서부 해안의 아름다운 해협을 항해하며 선상파티를 즐기고 있다고 오해할 수도 있었을 것이다.[23]

길버트는 『행복에 걸려 비틀거리다』에서, 당사자는 행복하다고 주장하지만 제삼자는 그 말을 믿기 어렵거나 적어도 진위를 파악하기 어려운 사례로 바로 섀클턴의 예를 들었다. 앞서 제2차 세계대전 당시에 적국 비행기를 감별하는 기술에 대해 소개했던 것처럼, 모든 암묵적인 기술은 불가능할 정도로 어려워 보인다는 첫인상을 공유한다. 하지만 어렵다고 해서 꼭 불가능하다는 것을 뜻하지는 않는다.

예일 대학 심리학과 교수인 샐로베이(Peter Salovey)와 그의 동료들에 따르면, 사람들의 마음속에는 일종의 '정서적인 극장(emotional theater)'이 존재한다.[24] 어떤 사람의 정서적인 극장에서는 하루 종일 우울한 영화만 상영되고 또 다른 사람의 정서적인 극장에서는 '해피엔딩' 영화만 상영된다. 정서를 적응적으로 활용하는 능력을 의미하는 정서지능(emotional intelligence)은 이러한 정서적인 극장이 상황에 맞게 효과적으로 기능할 수 있도록 해 준다.

사람들이 지능(IQ)에서 커다란 편차를 보이는 것과 마찬가지로 정서지능에서도 개인차가 존재한다. 그리고 지능 분야에서 영재가 존재하는 것처럼, 정서지능 분야에서도 영재가 존재할 수 있다. 비록 영재가 일반인보다 특정 영역에서 더 뛰어난 역량을 발휘한다고 하더라도, 일반인이 그들의 행동을 따라 할 수 없다는 것을 뜻하지는 않는다. 단지 똑같은 조건이라면, 영재가 일반인보다 우수한 수행을 나타낼 수 있다는 것이다. 따라서 일반인이 영재보다 연습을 더 많이, 더 오래 또는 더 효과적으로 할 경우, 실제 능력의 차이에도 불구하고 해당 영역에서의 수행 결과는 대등할 수 있다.

길버트는 행복이 기본적으로 보이지 않는 세계에서 일어나는 주관적인 경험이기 때문에 섀클턴이 보고한 내용의 진위를 파악하는 것은 사실상 불가능에 가깝다고 주장하였다. 하지만 보이지 않는 세계는 보이는 세계를 통해서 유추하는 것이 가능하다. 이러한 문제와 관련해서 하버드 대학의 정신과 교수인 베일런트는 다음과 같이 주장하였다.

> "탄소의 산소화는 보이지 않지만 불꽃은 우리 모두에게 보인다. 기침 반사는 보이지 않는 신경 과정이지만 기침은 느낄 수 있는 소리다. 그와 마찬가지로 자기만의 신경학적 행위인 투사의 과정은 보이지 않지만 어느 편견주의자의 편집적인 플래카드는 우리 모두가 볼 수 있다. 임상적 판단, 자기보고, 투사적인 연상 기법은 그 어느 것이라도 한 가지만으로는 그러한 추론된 무의식적 과정들을 파악하기에는 매우 부족하다. 그러나 숙련된 임상가나 전기 작가들이 그렇게 하듯이, 이 모두를 함께 사용한다면 이 세 가지 정보들은 아주 강력해진다."[25]

행복만큼이나 지능도 눈에 보이지 않는 과정이지만 오늘날 지능을 객관적으로 평가하는 것이 불가능하다고 믿는 사람은 거의 없을 것이다. 다만 지능에 비해 행복을 평가하는 것이 더 어렵게 느껴지는 이유는 연구하고자 하는 특성이 더 까다로운 것이라서보다는 단지 연구 기간이 상대적으로 더 짧았기 때문으로 보인다.

섀클턴의 정서적 유능성은 학교에서 따돌림 받는 학생이 전지전능(全知全能)의 백일몽을 즐기는 것과는 질적으로 다르다. 섀클턴은 실제로 자신을 포함하여 수많은 부하들의 생명을 구했던 반면에, 백일몽 수준의 공상은 학생의 현실적인 삶을 더욱더 피폐하게 만들 것이기 때문이다.

섀클턴의 정서적 유능성이 외견상 특별한 재능을 갖고 있는 사람들만 행할 수 있고 일반인은 도저히 따라 하는 것이 불가능할 것 같은 인상을 줄지라도, 사실은 그렇지 않다. 캐나다 마니토바(Manitoba) 대학의 기스브레크트(Gordon Giesbrecht) 교수는 인간의 삶에서 기적처럼 보이는 일들의 시작은 언제나 평범한 것에서부터 시작한다는 점을 보여 주었다.[26] 그의 보고에 따르면, 차가운 물속에서 목숨을 잃는 사람들의 95%는 저체온증으로 죽는 것이 아니다. 그 자신이 직접 시연을 통해 입증한 실험에 따르면, 차가운 물속에 떨어졌을 때, 처음 1분 동안 살아남는 것이 가장 중요하다. 반면에 가장 위험한 것은 한랭쇼크다. 이러한 쇼크는 반사적인 호흡 정지 후에 과호흡으로 알려진 제어불능의 호흡이 지속되는 것을 말한다. 겨울에 차가운 물속에서 장시간 버티는 것은 외견상 불가능해 보일지라도 처음 1분을 효과적으로 견뎌 낸다면, 생존확률을 기적처럼 높일 수 있다. 이러한 것이 바로 암묵적인 기술이다.

정서 영역에서의 암묵적인 기술을 정서교양(emotional literacy)이라고 부른다. 정서교양이라는 개념은 공식적인 저술의 형태로는

1997년에 임상심리학자인 스타이너(Claude Steiner)가 동료 폴(Perry Paul)과 함께 처음으로 발표한 용어이다.[27] 정서교양은 정서적인 문맹과 대비되는 개념으로서 정서를 다루는 기술에서의 유능성을 의미한다. 보다 구체적으로 정서교양은 자신과 타인의 감정을 인식하는 능력, 정서를 효율적으로 다루는 능력, 정서적 상처를 회복하는 능력, 타인과 긍정적인 관계를 맺기 위해 정서를 활용하는 능력을 말한다.

오늘날 교육 현장에서 정서교양과 정서지능은 호환해서 사용되고 있다. 하지만 두 개념의 관계는 학업성취도와 IQ 간 관계와 유사하다. 정서교양이 학업성취도에 해당된다면, 정서지능은 IQ에 해당된다고 할 수 있다.

앞으로 다양한 실제 인물 사례들을 통해 확인해 보겠지만, 정서 영역에서의 암묵적인 기술은 행복의 세계에도 마찬가지로 존재한다. 이런 점에서 SBS 방송국의 〈생활의 달인〉이라는 코너에 소개되는 인물들만큼이나, 행복의 달인 역시 도처에 존재할 수 있다.

7. 다른 긍정심리 상담 및 치료 프로그램과 멘탈 휘트니스의 차이

외견상 다른 긍정심리 상담 및 치료 프로그램과 멘탈 휘트니스는 유사한 치료기제를 공유하고 있는 것 같은 인상을 줄 수 있다. 하지만 그 둘의 치료기제는 분명히 다르다. 멘탈 휘트니스의 원리에 관해 상세히 소개하기에 앞서, 간단하게 그 둘의 차이에 관해 살펴보도록 하겠다.

대표적인 긍정심리 상담 및 치료 프로그램 중 하나인 셀리그만 교수와 그의 동료들이 제안한 프로그램에서는 긍정심리치료의 원리를 다음과 같이 크게 두 가지로 제시한다.[28)]

첫째, 내담자의 주의, 기억 그리고 기대가 부정적이고 파국적인 것으로부터 긍정적이고 희망적인 것으로 방향이 바뀔 수 있도록 교육시킨다는 것이다.

둘째, 내담자가 삶의 의미를 적극적으로 탐색할 수 있도록 돕는 방편의 하나로서 성격강점을 강조한다는 것이다. 셀리그만 교수의 긍정심리치료 프로그램에서 내담자들은 자신의 고유한 강점을 파악하도록 격려받는다. 그 후 치료자와 내담자는 협동해서 일, 사랑, 우정, 양육 그리고 여가 활동에서 내담자의 고유한 강점을 활용하는 새로운 방법들을 고안해 내려 노력하게 된다.

셀리그만 교수와 그의 동료들이 제안한 프로그램의 문제는 핵심적인 치료기제의 측면에서 기존의 인지행동치료에서 강조하는 내용과 사실상 다른 것이 없으며, 그 밖의 내용도 흔히 자기계발서에서 강조하는 내용과 본질적으로 유사하다는 점이다. 대조적으로 긍정심리 상담 및 치료 프로그램으로서 멘탈 휘트니스는 기존의 치료법과는 차별화된 접근을 한다.

과학적인 심리학이 서양의 의학과 유사하다면, 멘탈 휘트니스는 한의학과 유사하다. 이런 맥락에서 멘탈 휘트니스에서 삶의 고통의 문제를 해결하기 위해 시도하는 방편(方便: 교화방법)은 한의학에서 활용하는 방제(方劑: 약제를 조제하는 일)와 비슷하다고 할 수 있다.

한의학에서는 전통적으로 약을 처방할 때, 군신좌사(君臣佐使)[29)]

의 원칙을 따른다. 여기서 '군(君)'은 가장 핵심적인 치료제에 해당된다. 그리고 '신(臣)'은 군에 해당되는 약재의 약력(藥力)을 증강하는 역할을 한다. 또 '좌(佐)'는 주약에 협조하면서 겸증(兼證)을 치료하거나 주약의 부작용이 나타나는 것을 방지해 준다. 마지막으로, '사(使)'는 각 약물이 병변 부위에 직접 도달하도록 이끌거나 전체 약물의 효과가 조화를 이루도록 하는 기능을 한다. 오랜 역사를 갖고 있는 한의학에서의 이러한 지적 전통은 멘탈 휘트니스에서도 유용하게 활용될 수 있다. 삶의 고통, 즉 불행을 치유하기 위해 멘탈 휘트니스에서는 군신좌사의 심리적인 기제들을 활용한다.

멘탈 휘트니스에서 '군'은 가장 핵심적인 치료기제로서 '행복기제'다. 행복기제는 적응기제와 대비되는 개념으로서 의식적인 노력을 통해 행복해질 수 있도록 돕는 심리학적인 대처 기술을 말한다. 이러한 행복기제에 관해서는 제6장에서 상세히 다루도록 하겠다. 그리고 '신'은 기쁨을 비롯한 '긍정 정서'가 된다. 단, 멘탈 휘트니스의 긍정 정서는 기본적으로 승화된 긍정성으로서의 긍정 감정을 말한다. 또 '좌'는 행복과 관계된 '정서교양'이다. 마지막으로, '사'는 바로 '라포(rapport)'다. 라포는 삶의 가치를 공유하는 형태로 소통하고 있는 두 사람 혹은 그 이상의 사람들 간 관계를 뜻한다. 이러한 라포는 모든 인간관계의 근간을 이룬다고 할 수 있다. 이런 점에서 기존의 긍정심리 상담 및 치료 프로그램과 멘탈 휘트니스의 치료기제는 라포를 제외한 세 가지 기제에서 다르다고 할 수 있다.

미주

1) 메블라나 잘라루딘 루미(2003). 입술 없는 꽃(이성열 역). 서울: 문학수첩. p. 75, 103.

2) Jahoda, M. (1958). *Current concepts of positive mental health*. New York: Basic Books.

3) Knutson, A. (1963). New perspectives regarding positive mental health. *American Psychologist, 18*, 300-306.

4) McCarthy, D. (1964). Mental fitness. *American Psychologist, 19*, 201-202.

5) Vaillant, G. E. (1977). *Adaptation to life*. Cambridge, MA: Harvard University Press.

6) 리차드 도킨스(2005). 악마의 사도(이한음 역). 서울: 바다출판사. p. 32.

7) 바브라 프레드릭슨(2009). 긍정의 발견(최소영 역). 파주: 21세기북스. p. 151.

8) 데이비드 브룩스(2011). 소셜애니멀(이경식 역). 서울: 흐름출판. p.294

9) 대커 켈트너(2011). 선의 탄생(하윤숙 역). 서울: 옥당. p. 48.

10) 대커 켈트너(2011). 선의 탄생. p. 48.

11) 쉬나 아이엔가(2010). 쉬나 아이엔가(오혜경 역). 파주: 21세기북스. p. 338.

12) Frederick, S., & Loewenstein, G. (1999). Hedonic adaptation. In E. Diener, N. Schwarz, and D. Kahneman (Eds.), *Hedonic Psychology: Scientific Approaches to Enjoyment, Suffering, and Well-Being*. New York: Russell Sage Foundation. p. 307.

13) 리처드 J. 라이더, 데이비드 A. 사피로(2011). 인생의 절반쯤 왔을 때 깨닫게 되는 것들(김정홍 역). 고양시: 위즈덤 하우스. p. 28.

14) Jorm, A. F., Korten, A. E., Jacomb, P. A., Christensen, H., Rodgers, B.,

& Pollitt, P. (1997). Mental health literacy: A survey of the public's ability to recognise mental disorders and their beliefs about the effectiveness of treatment. *Medical Journal of Australia, 166*, 182-186. (p. 182).

15) Christensen, H., & Griffiths, K. (2000). The internet and mental health literacy. *Australian and New Zealand Journal of Psychiatry, 34*, 975-979.

16) Keyes, C. L. M. (2007). Promoting and protecting mental health as flourishing: A complementary strategy for improving national mental health. *American Psychologist, 62*, 95-108.

17) Gilbert, D. (2006). *Stumbling on happiness*. Foreword XVII.

18) 리차드 도킨스(2005). 악마의 사도. pp. 198-199.

19) 『論語』. 先進 21.

20) B. S. 라즈니쉬(1986). 삶의 진실을 찾아서(정한희 역). 서울: 민중서각. pp. 125-126.

21) B. S. 라즈니쉬(1986). 삶의 진실을 찾아서. pp. 137-138.

22) 데이비드 이글먼(2011). 인코그니토: 나라고 말하는 나는 누구인가(김소희 역). 서울: 쌤앤파커스. p. 80.

23) Gilbert, D. (2006). *Stumbling on Happiness*. p. 53.

24) Mayer, J. D., & Salovey, P. (1997). What is Emotional intelligence? In P. Salovey, M. Brackett, & J. D. Mayer (Eds.), *Emotional intelligence* (pp. 29-59). Port Chester, NY: National Professional Resources, Inc.

25) Vaillant, G. E. (1997). *The wisdom of the ego*. Cambridge, MA: Harvard University Press. p. 100.

26) 벤 셔우드(2011). 그들은 어떻게 살아 남았을까?(강대은 역). 서울: 민음인. p. 65.

27) Steiner, C., & Paul, P. (1997). *Achieving Emotional Literacy*. London,

Bloomsbury.

28) Seligman, M. E. P., Rashid, T., & Parks, A. C. (2006). Positive psychotherapy. *American psychologist, 61*, 774-778.

29) 이태경, 강정수, 김병수(2007). 군신좌사(君臣佐使)에 대한 연구. 동의생리병리학회지, 21, 596-604.

05

멘탈 휘트니스의 핵심가정

05

멘탈 휘트니스의 핵심가정

우리 세대의 가장 큰 발견은 인간이 자신의 행동을 변화시킴으로써 자신의 삶을 변화시킬 수 있다는 생각이다.

–제임스(William James)–[1]

1. 강점의 강화를 통한 약점의 약화

멘탈 휘트니스에서의 핵심적인 가정 중 하나는 '강점을 강화하려는 노력이 약점을 약화시킬 수 있다.'[2]는 것이다. 이러한 가정은 대단히 매력적인 것이지만 승화된 긍정성의 개념에 기초해 해석되지 않는 경우에는 매우 '볼품없는 것'으로 전락해 그 힘을 잃어버릴 수 있다. 이런 점에서 강점을 강화하려는 노력이 약점을 약화시킬 수 있다는 멘탈 휘트니스의 가정과 약점 대신에 강점에 초점을 맞추라는 자기계발서의 주장은 유사해 보이지만 질적으로 다른 내용이다.

예를 들면, 버킹엄(Buckingham)과 클리프턴(Clifton)의 『위대한 나의 발견, 강점 혁명 *Now, Discover Your Strengths*』이라는 책에는 우즈(Tiger Woods)의 사례가 나온다.[3] 그 책에 따르면, 우즈의 골프에서의 강점은 우드와 아이언을 가지고 100미터 이상의 비거리를 만들어 내는 롱 게임(long game)과 그린에서 홀을 향해 공을 치는 퍼팅(putting) 기술이다. 반면에 그의 약점 중 하나는 벙커에서 빠져나오기 위해 공을 낮고 짧게 쳐올리는 칩샷(chip shot)이다. 그는 골프 황제라는 명성에 걸맞지 않게 한 번의 스윙으로 벙커에서 빠져나오는 샌드 세이브율(sand saves)이 PGA 투어에 참여하는 선수들 중에서 하위권에 머물렀다.

만약 우즈가 자신의 약점, 즉 칩샷 기술을 PGA 투어 정상권으로 끌어올리기 위해 역량을 거기에 집중했다면, 그는 좋은 성적을 올리기 어려웠을 것이다. 현명하게도 그의 코치 하몬(Butch Harmon)은 우즈가 칩샷 기술을 연마하는 데는 최소한으로만 투자하고 강점 영역, 즉 스윙을 다듬는 데 역점을 두도록 하였다.

이러한 사례는 무수히 많이 찾을 수 있다. 예를 들면, 영어는 잘하는데 수학은 잘하지 못하는 학생이 영어에 집중하는 것이다. 이러한 접근들은 강점을 활용하는 예에 해당되는 것이 분명하다. 하지만 이러한 예들은 효율적인 대처전략일 수는 있어도 강점을 강화하려는 노력이 약점을 약화시킬 수 있다는 멘탈 휘트니스의 핵심가정과는 무관한 것들이다. 그러한 노력들이 강점을 강화하는 것은 맞지만 약점을 약화시키지는 못하기 때문이다.

영어는 잘하는데 수학은 잘하지 못하는 학생이 영어에 집중하면 수학에 대한 약점이 약화되는가? 전체적으로 성적이 향상되는 점 때문에 마치 약점이 약화되는 것 같은 인상을 받을 수는 있다. 하지만 이러한 상황에서 강점은 강점 그리고 약점은 약점일 뿐이다. 한 예로 영어에서는 99점이지만 수학은 50점인 학생이 영어 공부에 더 집중을 하면 수학에서의 약점이 얼마나 약화될 수 있을까? 1점? 따라서 이러한 분야는 강점을 강화함으로써 약점을 약화시키려는 노력이 빛을 발할 수 있는 영역이 아니다.

멘탈 휘트니스에서의 핵심가정은 강점과 약점이 동전의 앞뒷면처럼 이이져 있는 영역에 적용되어야 한다. 영어와 수학의 관계 혹은 롱 게임에서의 스윙 기술과 칩샷의 관계는 이러한 영역에 해당되지 않는다.

앞서 소개한 재키의 경우를 예로 살펴보자. 그녀가 사고를 당하기 전에 우수한 학업 성적을 나타낸 경우, 사고 후에 얼굴에 화상을 입었음에도 불구하고 공부를 더 열심히 해서 명문 대학원에 진학하게 되면 그녀가 행복해질 수 있을까? 혹은 만약 그녀가 비즈니스에 재능이 있었고 또 그녀가 열심히 일한 결과 성공한 기업가가 된다면 그녀는 행복해질 수 있을까? 아마 그렇지는 않을 것이다.

공부는 공부 그리고 사업은 사업일 뿐이기 때문에, 공부 또는 사업에서 뛰어난 성취를 한다고 해서 화상으로 인한 상처를 치유하는데 특별한 도움을 주기는 어렵다. 참고로, 제1장 [그림 1-2]의 사진은 재키가 현대 의학의 수준에서는 최대로 치료를 받은 상황에서 촬영된 모습이다. 그렇기 때문에 제아무리 돈을 많이 벌더라도 외모를 예전처럼 되돌리는 일은 불가능하다. 그리고 이러한 마음의 상처를 해결하지 않은 상태에서 재키가 행복해지는 것은 불가능하다. 그렇다면 재키의 경우 강점을 강화하는 것을 통해 약점을 약화시킨다는 것은 무엇을 의미하는 것일까?

재키가 오프라 윈프리 쇼에 출연을 했을 때, 그 쇼에는 음주운전 때문에 수감 중이었던 가해자의 어머니 진(Jean)이 함께 출연했다. 이때 오프라는 객석에 있던 진을 무대로 안내한 뒤에 재키와 마주 보고 이야기를 나누도록 안내하였다. 그 둘은 이전에 만난 적이 없었다. 재키를 만나자마자 진은 끔찍한 사고를 겪은 것에 대해 유감의 뜻을 전했다. 그리고는 비극적인 사건에 대해 더 이상 말을 잇지 못하고 재키를 바라보면서 눈물을 지었다. 그러자 재키는 놀랍게도 가해자의 어머니인 진에게 괜찮다며 오히려 진을 위로해 주었다. 그러자 흐느껴 울던 진은 재키에게 "너는 참 아름다운 사람이야."라고 말했다. 그 후 재키와 진은 부둥켜 안고 울었고 이 모습을 바라보던 방송 스태프들과 방청객 그리고 시청자들 모두 눈물로 이 장면을 지켜보았다.

진의 아름답다는 표현은 재키의 외모를 보고 언급했던 것은 아니었다. 그때 진은 바로 외적인 아름다움이 아니라 내면의 아름다움을 지칭한 것이다. 이런 점에서 재키의 강점은 바로 이 내면의 아름다움이라고 할 수 있다. 재키는 자신의 인생을 송두리째 망쳐 버린 가해자의 어머니 진에게 자신은 괜찮다고 말하면서 오히려 사고로 인해 자식을 감옥으로 떠나보낸 진을 위로해 주었다.

이때 재키가 괜찮다고 말한 것은 본인의 고통을 인지하지 못하는 무의식적인 '억압(repression)'과는 다른 것이다. 왜냐하면 재키는 사고 이후로 날마다 하루에 5분씩 정해 놓고 매일 울되, 5분이 지나면 더 이상 울지 않고 고통을 '억제(suppression)' 하는 훈련을 계속 해 왔기 때문이다. 이런 점에서 재키가 '괜찮다' 고 말한 것은 자신이 처한 상황이 고통스럽지 않다는 의미가 아니었다. 그것보다는 사고로 인한 고통과 상처를 스스로 견뎌 낼 수 있으며, 동시에 가해자를 용서한다는 뜻을 전하고자 했던 것이다.

단, 여기서 중요하게 기억해 두어야 할 점은 역경을 이겨 내기 위해 재키가 엄청난 노력과 시간을 투자했다는 점이다. 아마도 재키는 자신의 역경을 극복하기 위한 내면의 미덕을 성취하기 위해 눈물만큼이나 많은 땀방울을 쏟아 내야 했을 것이다. 그리고 그 과정에서 재키가 터득한 억제와 용서의 기술은 특별한 재능을 타고난 사람들만 사용할 수 있는 기술이 아니다. 심리적인 성숙 과정을 통해 누구나 익히는 것이 가능한 삶의 기술에 해당된다.

요약하자면, 세상의 그 어떤 명의도 재키의 외모를 예전으로 돌릴 수는 없을 것이다. 하지만 재키는 내면의 아름다움을 통해 현대 의학으로도 해결할 수 없었던 문제, 즉 외모의 약점을 극복할 수 있었다. 왜냐하면 그녀는 '세상에서 가장 아름다운 여성 중 한 명' 이 되었기 때문이다. 따라서 재키는 강점(내면의 아름다움)을 강화함으로써 약점(화상 입은 외모)을 약화시켰다고 해석할 수 있다. 그리고 이처럼 승화된 긍정성을 위한 삶의 기술, 즉 심리학적 연금술을 바로 멘탈 휘트니스라고 부른다.

2. 악덕의 미덕으로의 전화

멘탈 휘트니스에서의 두 번째 가정은 '악덕은 미덕의 어머니, 즉 악덕은 미덕으로 전화(轉化)될 수 있다.'는 것이다. 이러한 가정 역시 승화된 긍정성의 개념을 고려하지 않는 경우에는 매우 '진부한 것'이 되고 만다.

자기계발서의 단골 메뉴 중 하나는 악조건을 축복으로 전환시킨 사례들이다. 예를 들면, 일본 경제계에서 신화적인 존재인 마쓰시타(松下幸之助) 회장은 자신의 성공비결에 대해서 다음과 같이 말했다.

> "나는 가난 속에서 태어났기 때문에 어려서부터 보모와 공장 직공으로 일하면서 남들보다 다양한 경험을 쌓을 수 있었네. 가난했으므로 부지런히 일하지 않으면 잘살 수 없다는 진리도 깨달았지. 또한 태어날 때부터 허약했기 때문에 건강의 소중함을 일찍 깨달아 몸을 아끼고 건강에 힘써 일흔 살이 넘은 지금도 겨울철에 냉수마찰을 할 정도로 30대의 건강을 유지하고 있다네. 초등학교도 졸업하지 못했기 때문에 세상의 모든 사람을 스승으로 모시고 배우는 데 늘 주저하지 않았지."[4)]

이처럼 마쓰시타 회장은 자신의 성공비결이 '가난' '허약함' 그리고 '무학(無學)'의 세 가지 악조건을 '성실성' '체력' 그리고 '호학(好學)의 성품'과 같은 긍정적 덕목으로 전환한 것이라고 소개하였다. 일반적으로 자기계발서에서는 이와 유사한 형태의 사례들, 즉 악조건을 성공의 원동력으로 삼은 예들이 많이 등장한다.

마쓰시타 회장의 이야기는 역경을 이겨 내는 대처방법을 보여 준다는 점에서 대단히 교훈적이다. 이런 점에서 마쓰시타 회장 사례는 '위기관리의 지혜'를 보여 주는 전형적인 사례에 해당된다.

마쓰시타 회장의 일화를 '악덕의 미덕으로의 전화' 문제와 연관지어 분석하기 전에, 불필요한 혼선을 피하기 위해 이러한 에피소드가 '강점의 강화를 통한 약점의 약화' 가정과 관계된 것으로 오인하는 문제에 대해 먼저 다루고자 한다. 외견상 마쓰시타 회장의 이야기는 '강점의 강화를 통한 약점의 약화' 가정과 관계가 있는 것으로 보인다. 하지만 그 둘은 서로 관계가 없다. 왜냐하면 가난한 사람이 성실히게 일해 부자가 된다고 해서 심리적인 문제가 온전하게 해결되는 것은 아니기 때문이다.

만약 성실함만으로 삶에서의 복잡 미묘한 문제들이 모두 해결될 수 있을 것 같은 생각이 든다면, "기쁨과 비탄은 섬세하게 직조되어 있다."[5]는 블레이크(Blake)의 경고에 귀 기울일 필요가 있다. 예를 들면, 가난했던 사람이 경제적인 부를 축적한 이후에도 열등감과 같은 과거의 상처는 여전히 마음속에 남아 있을 수 있다.

바로 이런 점 때문에, 겉으로는 성공한 것처럼 보이는 기업의 CEO를 비롯한 임원들이 정신과 치료를 받는 비율은 일반 사람들이 생각하는 것보다는 훨씬 더 높은 것으로 보인다.[6] 소위 말하는 '잘 나가는 인물'들의 경우, 속사정 모르는 사람들은 이들의 회사에서의 높은 지위를 부러워하지만, 정작 그들 자신은 '마음 한구석이 텅 빈 느낌' 때문에 정신과를 찾을 수도 있다. 이러한 사람들이 주로 호소하는 대표적인 증상들은 수면 장애, 집중력 및 기억력 저하 그리고 사소한 일에 짜증을 내는 것 등이다.

외견상 정신과를 방문하는 기업체의 CEO 및 임원들이 호소하는 문제들은 전형적인 스트레스성 피로 증상처럼 보일 수 있다. 만약 이러한 증상이 단순히 극심한 경쟁 속에서 오랫동안 과로를 했기 때문에 발생하는 것이라면 해결책은 간단하다. 푹 쉬는 것이 상책일 것이다. 하지만 현실에서는 이들이 일정 기간 동안 휴가를 내고 휴식을 취한다고 해서 그들의 근본적인 문제들까지도 해결되는 것은 아니다. 왜냐하면 휴식을 취한다고 해서 성공한 후에도 가시지 않는 '마음 한구석이 텅 빈 느낌'이 치유되지는 않기 때문이다.

가난했던 사람이 나중에 부자가 된다고 해서 행복해질 수 있는 것은 아니다. '마음 한구석이 텅 빈 느낌'을 달래기 위한 심리적인 노력이 필요하기 때문이다. 이런 점에서 가난했던 사람이 마쓰시타 회장처럼 성실하게 노력해서 부자가 되는 것은 효과적인 처세술의 하나가 될 수는 있다. 하지만 이러한 방법은 '강점의 강화를 통한 약점의 약화'라는 가정과는 무관한 것이다. 강점을 강화함으로써 약점을 약화시키는 형태로 가난으로 인한 상처를 치료하기 위해서는 재키가 보여 준 것과 같은 특별한 심리학적 기술이 필요하다. 이러한 행복의 기술에 관해서는 다음 장에서 상세히 소개하도록 하겠다.

마쓰시타 회장 사례는 '악덕은 미덕으로 전화될 수 있다.'는 멘탈 휘트니스의 가정과도 관계없는 것이다. 왜냐하면 마쓰시타 회장의 '가난' '허약함' 그리고 '무학'은 악덕에 속하는 것이 아니라, 단지 개인에게 주어진 악조건에 해당되는 것일 뿐이기 때문이다.

더구나 마쓰시타 회장의 경우, 불리한 악조건과 긍정적 덕목을 어려서부터 함께 가지고 있었던 것으로 보인다. 이런 맥락에서 마쓰시타 회장의 성공비결에 대한 보다 더 정확한 설명은 '가난했지만 성실했고, 허약했지만 건강의 중요성을 깨닫고 있었으며, 배우지 못했지만 배움의 자세를 갖추고 있었던 것'이 된다. 따라서 마쓰시타 회장의 말은 악덕이 미덕으로 변화되는 과정이 아니라, 그의 지혜로운 대처 기술을 설명한 것에 해당된다고 할 수 있다. 다음에 소개되는 어느 소년의 일화는 마쓰시타 회장이 가지고 있던 지혜로운 대처 기술의 성격을 잘 드러내 준다.

> 어느 부자 아버지가 아들을 데리고 가난한 사람들이 모여 사는 시골 마을로 여행을 떠났다. 아버지는 마을에서도 가장 가난한 농장을 택해 그곳에서 며칠을 보냈다. 집으로 돌아오는 날 아버지가 아들에게 물었다. "이번 여행 어땠니?" "정말 좋았어요! 아버지" "다행이구나. 가난한 사람들이 어떻게 사는지 잘 보았니? 이번 여행을 통해 네가 뭘 배웠는지 말해 보렴." "우리는 정원까지 닿는 수영장이 있는데 그들에겐 도무지 끝이 보이지 않는 시내가 있고요. 우리 집 정원에는 수입해 온 손전등이 있지만 그들에게는 셀 수 없이 많은 별이 있어요. 또 우리 정원은 대문까지 이어져 있지만 그들에게는 끝없이 펼쳐진 들판이 있어요. 우리 집엔 우리를 돕는 하인들이 있지만 그들은 남을 도우면서 살아가요. 그리고 우리에겐 우리 재산을 보호해 주는 벽이 둘러쳐져 있지만 그들에게는 자신들을 보호해 줄 친구들이 있어요."[7]

앞의 사례에서 소년은 매우 뛰어난 삶의 지혜를 보여 준다. 특히 아버지와의 여행을 통해 소년의 지혜가 더 풍부해졌다기보다는, 지혜로운 판단력을 갖추고 있는 소년이 아버지와 뜻 깊은 여행을 했던 것으로 설명하는 것이 더 타당해 보인다.

앞서 소개한 두 사례들과는 대조적으로, 멘탈 휘트니스에서 말하는 '악덕의 미덕으로의 전화'는 삶에서 일어나는 발달적인 변화를 지칭하는 표현이다. 이러한 발달적 변화는 가능성의 측면에서는 삶에서 누구에게나 일어날 수 있는 것이다(하지만 실제로 누구에게나 일어난다는 의미는 아니다). 그리고 이러한 변화를 위해서는 반드시 특별한 재능을 갖고 있어야 하는 것이 아니며 언제나 장기간을 요구하는 것도 아니다.

정신분석 전문가인 샌들러(Sandler)는 프로이트의 딸인 안나(Anna)와 무의식적인 방어기제에 관해 다음과 같은 대화를 나눈 적이 있다. 그때 두 사람은 '악덕의 미덕으로의 전화' 문제에 관해 다음과 같은 의견을 주고받았다.[8)]

> **안나**: 당신은 인간에게 이타적 본성이 없다고 말하는 것처럼 들리는군요.
>
> **샌들러**: 설혹 이타주의자가 된다고 하더라도 마음속의 '선(善)'에 의해서 탄생하는 겁니다.
>
> **안나**: 아니요. 이타적 행동은 마음속의 '악(惡)'으로부터 탄생하는 것입니다.

앞의 대화는 '선'의 탄생 과정과 관련해서 모순되는 관점을 보여준다. 멘탈 휘트니스의 두 번째 가정과 밀접한 관계가 있는 것은 둘 중에서 샌들러의 주장이 아니라, 이타적 행동이 내면의 악한 특성에서 비롯된다는 안나의 주장이다.

안나의 주장은 괴테(Goethe)가 『파우스트 *Faust*』를 통해 소개하는 핵심주제와도 밀접한 관계가 있다.

> **파우스트**: 도대체 너는 누구냐?
>
> **메피스토펠레스**: 늘 '악'을 원하지만, 결과적으로는 언제나 '선'을 행하는, 그런 힘의 일부랍니다.
>
> **파우스트**: 그 수수께끼 같은 말은 무슨 뜻인가?
>
> **메피스토펠레스**: 처음부터 아예 생겨나지 않았으면 더욱 좋았을 것. 그래서 사람들이 죄와 파괴라고 부르는 것, 즉 '악'이라고 부르는 모든 것이 나의 진정한 모습이지요.[9]

하지만 안나의 주장이나 파우스트 작품 속에서 소개되는 내용은 상징적이고 은유적인 표현에 해당되기 때문에, 심리학적인 방식으로 해독될 필요가 있어 보인다. 이런 맥락에서 스탠퍼드 죄수 실험(Stanford Prison Experiment: 이하 SPE)에 대해 살펴보도록 하겠다.

1971년 스탠퍼드 대학의 짐바르도(Zimbardo) 교수는 '교도소의 생활이 인간의 심리에 미치는 영향'을 연구하기 위해 지역 신문에 광고를 내 지원자를 모았다. SPE 프로그램에 대한 광고가 나가자 100여 명의 지원자가 신청을 했다. 그 후 SPE 지원자들에게 심리평가를 실시해서 정신과적인 병력이 있거나 범죄 및 약물복용 등으로 체포된 전력이 있는 사람들은 모두 제외시켰다. 이런 심사 과정을 통해 최종적으로 SPE 참가자는 24명으로 정해졌다. 이들은 실험에 참가하는 대가로 하루에 15불씩을 받기로 했다.

선발 과정에서 다양한 평가 과정을 통해 참가자들 간 이질성을 최소화하고 일반 사람들을 대표할 수 있는 엄격한 기준을 적용했기 때문에 실험이 시작될 당시에 이 24명의 SPE 참여자들 간에는 어떠한 차이도 발견되지 않았다. 다시 말해, SPE 참여자들은 경제적 여건, 지능 그리고 성격 특징 및 신체적 건강 정도 면에서 비슷한 특징을 공유하는 사람들이었다. 그 후 이들을 무작위로 교도관과 수감자의 두 집단으로 나누었다. 하지만 교도소처럼 꾸며진 실험 공간에서 2주간 진행될 예정으로 실험이 시작된 지 채 일주일도 지나지 않아서, 나쁜 상황과 나쁜 시스템이 평범한 사람들을 병리적으로 행동하도록 만들 수 있다는 것이 드러났다.

SPE에서 수감자들은 실험이 시작된 후 얼마 지나지 않은 시점부터 학습된 무기력, 의존성, 우울증 등의 문제행동들을 나타내기 시작했다. 특히 수감자 중 절반은 심각한 정서 및 인지장애 문제로 실험을 중단시켜야 했다. 그리고 마지막까지 남아 있었던 수감자들은 마치 '좀비'가 되어 버린 것 같은 인상을 주었다.

SPE에서 교도관들은 실험 첫날부터 수감자들을 필요 이상으로 잔인하게 대하면서 사실상 그들을 학대하기 시작했다. 그 결과, 실험이 시작된 바로 다음날 수감자들의 반란이 일어날 정도였다. 특히 5일째 되던 날, 헬맨(Hellmann: 지옥의 사자)이라는 교도관은 수감자들에게 장난이라는 명분하에 성적인 학대를 가하기까지 하였다. 결국 SPE 프로그램은 6일만에 중단되었다.

SPE 참여자들은 실험에 참여하기 전까지는 교도관 및 수감자 중 그 누구도 썩은 사과가 아니었다. 하지만 SPE 교도관과 수감자들은 '썩은 상자(교도소 운영 시스템)'의 강력한 영향을 받게 되자, 빠른 속도로 '썩은 사과(마음이 병든 사람)'로 변해 갔다. 이런 점에서 짐바르도 교수는 SPE가 인간의 삶에서 악이 탄생하게 되는 과정을 잘 보여 준다고 주장하였다. 그는 이처럼 악의 평범성, 즉 평범한 사람이 썩은 상자 안에서 악행에 물들게 되는 것을 '루시퍼 이펙트(Lucifer effect)'라고 불렀다.

지금까지는 악의 탄생 과정에 대해 살펴보았으니, 이제부터는 선의 탄생 과정에 대해 살펴보자. SPE 프로그램에서 성적인 학대 게임을 고안해 냈던 교도관 헬맨은 연구에 참여한 지 30여 년이 지나 짐바르도 교수를 만났을 때, 그 자신은 워홀(Andy Warhol)이 말하는 15분간의 명성 대신 15분간의 오명(汚名)을 얻게 되었다고 불평하였다. 하지만 그는 그 실험을 통해 배운 교훈에 대해 다음과 같이 소개하였다.

> 1971년의 교만하고 무신경한 10대 소년은 수십 년 동안 그 굴레를 짊어지고 살면서 많이 부드러워졌습니다. 그때 만일 누군가가 나의 행동이 수감자 중 누군가에게 해를 주었다고 말했다면 나는 아마도 "그들이야말로 계집애같이 약해 빠진 얼간이들이었다."라고 대답했을 것입니다. 그러나 내가 나의 역할에 그토록 깊이 빠져 들어서 다른 사람들의 고통에 눈이 멀었다는 기억은 오늘날 나에게 일종의 경고와도 같은 역할을 해서 지금은 사람들을 어떻게 대해야 할지 매우 주의 깊게 생각합니다. 사실 사람들은 내가 사업가 치고 지나치게 예민하다고 생각할지도 모릅니다. 나는 어떤 결정을 내릴 때, 예를 들면, 제 기능을 수행하지 못하는 직원을 해고해야 할 때 그것이 그에게 너무 가혹한 일이 되지 않을까 하고 망설이게 됩니다.[10]

교도관 헬맨의 이러한 진술은 『파우스트』의 주제와 일맥상통한다. 괴테는 『파우스트』에서 신의 입을 빌려 다음과 같이 말한다. "파우스트가 지상에서 살고 있는 동안에는 그가 어떤 악의 유혹에 빠져들든지 간에 나는 막지 않겠노라. 인간은 노력하는 한, 방황하기 마련이니까."[11]

SPE 프로그램의 결과는 악이 평범한 사람들에게서 나타날 수 있다는 것을 보여 주는 것만큼이나 분명하게 안나 프로이트의 지적대로, 선이 악에서 비롯되는 것이라는 점을 보여 준다. 멘탈 휘트니스에서는 이것을 '악덕의 미덕으로의 전화'라고 부른다. 이러한 전화는 발달적 변화에 해당된다. 그리고 이것은 소수의 재능 있는 사람이 아니라, SPE 프로그램에 참여했던 헬맨이 보여 주는 것처럼, 평범한 사람들에게서 보편적으로 나타나는 현상이다. 참고로, 헬맨은 특별한 재능이 있어 SPE 프로그램에 선발되었던 사람이 아니다. 그는 100여 명의 SPE 프로그램 신청자 중에서 일반인에 대한 대표성을 띨 수 있을 만큼 평범한 사람이었기 때문에 연구에 참여했던 것이다.

'악덕의 미덕으로의 전화'는 멘탈 휘트니스 프로그램을 '자기계발서'와 유사한 형태의 긍정심리 상담 및 치료 프로그램들과 구분지어 주는 중요한 가정 중 하나다. 관례적으로 자기계발서 형태의 긍정심리 프로그램에서는 긍정성을 지나치게 강조한 나머지, 암묵적으로 전통적인 임상장면(예를 들면, 정신과 폐쇄병동)과 긍정심리 프로그램이 잘 맞지 않는다고 주장하는 경향이 있다. 하지만 '악덕의 미덕으로의 전화'는 긍정심리치료 프로그램이 전통적인 임상장면에도 잘 부합되는 심리학적 개입 프로그램이라는 점을 보여 준다.

3. 완벽한 행복과 완전한 불행의 부재: 승화된 기쁨으로서의 행복

독일의 프랑크푸르트 학파(Frankfurter Schule)의 일원이었던 아도르노(Theodor L. W. Adorno)는 한때 "아우슈비츠(Auschwitz) 이후에도 시를 쓴다는 것은 야만적이다."[12]라고 말했다. 하지만 행복을 심리학적으로 해부하기에 아우슈비츠만한 소재가 없다. 여기에서의 핵심적인 논점은 지옥의 수용소에서도 과연 인간이 행복을 경험하는 것이 가능한가라는 점이다. 아우슈비츠 수용소에서 살아남은 화학자이자 작가인 레비(Primo M. Levi)는 행복에 관해 다음과 같이 말했다.

> "누구든지 인생을 조금만 살아 보면, 완벽한 행복이란 실현 불가능하다는 것을 깨닫게 된다. 하지만 그것과 정반대되는 일에 대해 깊이 생각해 보는 사람은 거의 없다. 즉, 완전한 불행도 존재할 수 없다는 사실 말이다. 이 양극단의 실현을 막는 장애물들은 그 본질이 같다. 그것들은 우리 인간 조건의 유한성에서 비롯된 것이다."[13]

유대계 헝가리 인으로 열다섯 살의 나이에 나치에 의해 끌려가 아우슈비츠와 부헨발트(Buchenwald) 수용소에서 노예 생활을 했던 케르테스(Imre Kertész)도 레비와 똑같은 주장을 하였다. 그는 유대인 수용소 생활에 관해 쓴 자서전적 소설 『운명 *Sorstalanság*』으로 2002년에 노벨 문학상을 수상하였다. 그는 『운명』이라는 작품에서

"행복에 관한 마지막 실낱 같은 희망을 다 버려야 할 정도로 절망적인 상황과 완벽한 체념과 깊은 인식은 없을 것"[14]이라고 말했다.

하지만 케르테스가 아우슈비츠에서의 생활을 통해 "이 아름다운 강제 수용소에서 조금이라도 더 살고 싶다는 동경"[15]마저 갖게 되었다고 고백했을 때, 사람들은 적잖이 당황했다. 학살 수용소를 거친 사람의 입에서 나올 만한 말이 아니었기 때문이다. 그는 놀랍게도 유대인 수용소 생활에 대해 다음과 같이 적었다.

> "아우슈비츠의 굴뚝에서조차도 고통들 사이로 잠시 쉬는 시간에 행복과 비슷한 무엇이 있었기 때문이다. 사람들은 모두 내게 악과 끔찍한 일에 대해서만 묻는다. 내게는 이런 체험이 가장 기억에 남는데도 말이다. 그래, 난 사람들이 내게 묻는다면 다음엔 강제 수용소의 행복에 대해서 말할 것이다."[16]

도대체 이러한 일이 어떻게 가능한 것일까? 그 비밀은 바로 '학살 수용소' 자체가 아니라 그 안에서 함께 생활한 '사람'에 있었다. 케르테스는 자신이 경험한 행복의 비결을 다음과 같이 소개하였다.

> "예전에 많이 듣곤 했던 '해골' 이라는 표현이 이전의 내 지식으로는 오로지 죽은 사람들한테만 쓰는 것으로 알고 있었다. 그러나 그런 해골의 모습으로도 나는 아직 살아 있었다. 이것에 대해선 추호의 의심도 없었다. 약하게 깜박거리는 촛불처럼 금방이라도 사라질 듯했지만, 그래도 내 속에는 무언가 아직도 타오르는 것이 있었다. 생명의 불꽃이었다. 사방에서 내 몸을 짓누르면서 밀착해 오는 다른 몸들이 더

이상 번거롭게 느껴지지 않았고, 오히려 옆에 있다는 것이 기쁘게 여겨졌다. 남들의 몸이 그렇게 친숙하게, 그렇게 내 몸과 비슷하게 느껴질 수가 없었다. 나는 처음으로 타인의 몸들에 대해 이례적이고 낯설으며, 어쩐지 솜씨 없고 서툰 감정 같은 것을 느꼈다. 순간 어쩌면 이것이 사랑이 아닐까 하는 생각도 들었다."[17]

케르테스에 따르면, 지옥의 수용소에는 "좋은 것과 나쁜 것, 기쁨과 괴로움, 모든 일, 모든 문제를 함께하고 돈과 음식까지도 서로 나누는, 사람들이 말하는 진짜 친구"가 있었다. 그리고 그곳에는 "친절과 배려에 대한 고집"도 있었는데 그것은 "별의별 고집 중에서 가장 멋지고, 지금까지의 내 상식으로는 가장 훌륭하다."라고 할 만한 것이었다. 놀랍게도 그곳에서는 "조금이라도 움직일 기운이 있는 사람이라면, 타인을 위해 몸을 아끼지 않았다." 그러다 보니 거기에서는 "어느덧 근심 없는 삶이 살며시 나를 찾아오면서 이 이상을 바랄 수 없다."라고 느끼는 수준의 만족감을 경험하는 것도 가능했다.[18]

케르테스의 이러한 설명은 그 옛날 밀턴(Milton)이 『실락원 *Paradise Lost*』에서 인간의 정신은 "지옥을 천국으로, 또 천국을 지옥으로 바꿀 수 있다."[19]라고 노래한 것을 떠올리게 해 준다. 그리고 케르테스가 지옥의 수용소에서 행복을 경험하는 것이 가능했던 이유는 프랭클린의 경구(警句)가 잘 설명해 줄 수 있다. 그에 따르면, "삶의 모든 조건과 상황에는 선과 악이 공존한다. 우리에게 일어나는 모든 일을 통제할 수는 없지만 마음속에서 일어나는 일은 가능하다."[20]

결론적으로 멘탈 휘트니스의 세 번째 핵심가정을 소개하자면, 삶에는 완벽한 행복과 완전한 불행이 둘 다 존재하지는 않는다는 것이다. 인간이 신이 아닌 이상, 완벽한 행복을 논하는 것은 불가능하다. 프랑스의 시인 아라곤(Louis Aragon)에 따르면, "비극이 없는 사람은 없다. 단지 비극이 없다고 믿는 사람이 있을 뿐이다."[21]

또 비록 극한의 상황에서도 케르테스가 말한 '생명의 불꽃', 즉 행복에의 의지를 포기하지 않을 수 있기 때문에 삶에서는 완전한 불행도 존재하지 않는다. 여기서 말하는 완전한 불행이란 세상 모든 사람들이 동일한 조건에서는 무조건 절망에 빠질 수밖에 없는 상황을 의미한다. 긍정심리학자 샤하르(Tal Ben-Shahar)가 말한 것처럼, "한 조각의 어둠이 밝은 방을 어둡게 만들 수는 없지만, 하나의 양초가 어두운 방을 환하게 밝힐 수는 있다."[22] 이런 점에서 인간이 경험할 수 있는 가장 온전한 형태의 행복은 오로지 '승화된 기쁨으로서의 행복'이라고 할 수 있다. 이러한 행복의 감정은 디킨슨의 표현을 빌리자면, "크리스털처럼 맑게 순화된 충족감"이며 "처음에 오한으로 시작해서 고통스러운 마비가 찾아온 후 체험하게 되는 해방감"에 해당된다.[23]

행복한 삶을 위해서는 승화된 긍정성의 세계를 향유하는 것이 필요하다. 이런 점에서 행복의 비결이란 다름 아닌, 의사 펜(Jack Penn)의 말처럼, "걸림돌로부터 디딤돌을 만들어 내는 것"[24]이라고 할 수 있다. 이러한 행복을 향유하기 위해서는 도킨스(Dawkins)가 지적한 것처럼, 삶 속에서 "살을 에는 바람을 정면으로 맞음으로서 얻은 새롭고 깊은 통찰"을 발굴해 낼 줄 아는 지성이 필요하다. 더불어 예이츠(William Buttler Yeats)의 말처럼, "별빛 찬란한 길로 부는 바람"

을 온몸으로 맞이할 줄도 아는 감성을 겸비해야 한다.[25] 하지만 그 과정에서 무엇보다 더 명심해야 할 점은 "눈에 눈물이 없으면, 그 영혼에는 무지개가 없다."[26]는 점을 깨닫는 일이다.

비록 인간의 행복이 완벽한 것은 될 수 없을지라도, 니체에 따르면, 삶 속에서 실제로 존재할 수 있는 행복은 그에 사뭇 견줄 만한 것이다. 그는 행복에 대해 다음과 같이 노래하였다.

> 눈물과 웃음이 가득한,
> 권능과 사랑이 가득한,
> 신 같은 행복[27]

4. 멘탈 휘트니스 프로그램의 가정에 대한 지지 증거

심리학에서는 전통적으로 인생의 문제에 대한 해답을 찾고자 할 때, 주로 그 답을 전향적(prospective) 형태의 연구에서 찾고자 노력해 왔다. 왜냐하면 어느 한 시점에서 얻어진 정보에 기초해 삶에 대해 인과적인 해석을 시도하는 것은 불완전하기 때문이다. 하버드 대학의 성인발달 연구는 행복의 문제를 다룬 심리학 연구로서 세계에서 가장 오랫동안 진행된 전향적 연구라는 특징을 가지고 있다.[28]

이 연구의 진행 과정에서는 각기 다른 세 집단의 표본을 대상으로 장기적인 종관적 분석이 이루어졌다. 첫 번째 집단은 268명의 하버드 대학교 졸업생이다. 이들은 남성 엘리트에 대한 대표성을 갖는 집단으로 선발되었다. 이 첫 번째 집단에 대한 연구는 일명 그랜트 스터디(Grant study)라고 불린다. 두 번째 집단은 1930년대에 출생한 도심지역의 고등학교 중퇴자 456명이다. 이들은 블루칼라를 대표하는 집단이다. 세 번째 집단은 1910년대에 출생한 지적인 능력이 뛰어난 90명의 영재 여성들이다. 이 세 번째 집단은 일명 터먼 스터디(Terman study)에 참여한 영재들의 일부에 해당된다. 이들은 여성 엘리트에 대한 대표성을 갖는 집단으로 선발되었다.

하버드 성인발달 연구는 이 세 집단의 총 814명을 60여 년간 추적조사한 결과를 분석한 것이다. 이러한 하버드 대학의 성인발달 연구는 멘탈 휘트니스 프로그램의 세 가지 가정, 즉 '강점의 강화를 통한 약점의 약화'와 '악덕의 미덕으로의 전화' 그리고 '완벽한 행복과 완전한 불행의 부재'가 모두 타당하다는 점을 보여 준다.

[그림 5-1]은 하버드 성인발달 연구 중 그랜트 스터디에서 행복한 삶을 산 연구 참여자와 부적응적인 삶을 산 연구 참여자의 적응기제 분포를 비교한 것이다. 그 결과에 따르면, 연구의 출발선상에서는 유사한 특징을 보였던 연구 참여자들이 약 25년 뒤에는 확연히 구분되는 차이를 나타냈다. [그림 5-1]은 행복한 삶을 산 사람들이 부적응적인 삶을 산 사람들에 비해 상대적으로 성숙한 적응기제(승화, 예상, 억제, 이타주의, 유머: 제2장의 대학생 사례 참조)는 더 많이 사용하는 반면, 미성숙한 적응기제(소극적 공격성, 공상, 신체화 또는 건강염려증, 투사, 행동화)는 더 적게 사용한다는 점을 보여 준다.

[그림 5-1]은 멘탈 휘트니스 프로그램의 첫 번째 가정, 즉 '강점의 강화를 통한 약점의 약화'에 대한 가정이 타당하다는 점을 보여 준다. 왜냐하면 [그림 5-1]은 삶에서 '강점에 해당되는 성숙한 적응

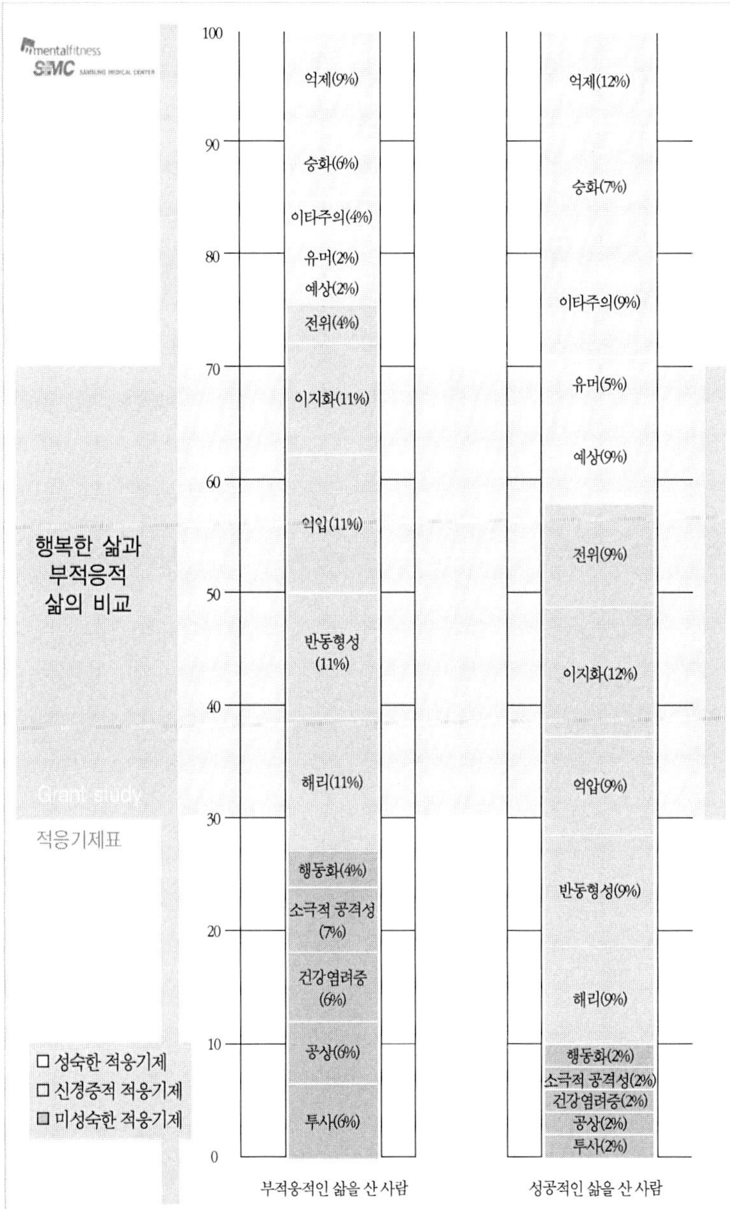

[그림 5-1] 행복한 삶과 부적응적인 삶을 산 연구 참여자들의 적응기제 분포 비교

기제'와 '약점에 해당되는 미성숙한 적응기제'가 서로 길항적인 (antagonistic) 관계에 있다는 것을 보여 주기 때문이다. 길항적이라는 것은 서로 버티어 대항하는 것을 말한다. 다시 말해 [그림 5-1]에 따르면, 성숙한 적응기제를 많이 사용한다는 것은 미성숙한 적응기제를 적게 사용하게 된다는 것을 뜻한다. 누구든지 성숙한 적응기제를 많이 사용하면서 동시에 미성숙한 적응기제를 많이 활용하는 것은 불가능하다. 바로 이러한 점 때문에 멘탈 휘트니스 프로그램에서 가정하는 것처럼, 강점을 강화함으로써 약점을 약화시키는 것이 가능한 것이다.

동시에 [그림 5-1]은 행복한 삶을 살 수 있는지 여부가 '강점에 해당되는 성숙한 적응기제'와 '약점에 해당되는 미성숙한 적응기제' 간 비율의 차이에 의해서 좌우된다는 것을 보여 준다. 따라서 행복해지기 위해서는 '강점에 해당되는 성숙한 적응기제'를 강화시킴으로써 '약점에 해당되는 미성숙한 적응기제'를 약화시키는 것이 중요하다. 여기서 '강화'는 적응기제의 사용빈도를 증가시키는 것을 말하고 '약화'는 적응기제의 사용빈도를 줄이는 것을 뜻한다.

[그림 5-2]는 하버드 대학의 성인발달 연구에 참여한 95명의 실제 삶에서 얻어진 약 2,000여 개의 성숙한 행동, 신경증적 행동 그리고 미성숙한 행동의 사례들을 연령대별로 분류한 것이다. [그림 5-2]는 멘탈 휘트니스 프로그램의 두 번째 가정, 즉 '악덕의 미덕으로의 전화'에 대한 가정이 타당하다는 점을 보여 준다. 왜냐하면 [그림 5-2]는 심리적으로 성숙해 감에 따라, 적응기제의 사용패턴이 미성숙한 적응기제를 많이 사용하던 것에서 성숙한 적응기제를 더 많이 사용하는 형태로 바뀐다는 점을 보여 주기 때문이다. 성숙한

적응기제와 미성숙한 적응기제가 서로 길항적인 관계에 있다는 것을 고려해 보면, [그림 5-2]는 악덕이 미덕으로 전화되어 가는 과정을 보여 준다고 해석할 수 있다.

심리적인 발달 과정은 우리의 삶에서 "고약한 말썽꾸러기가 성숙

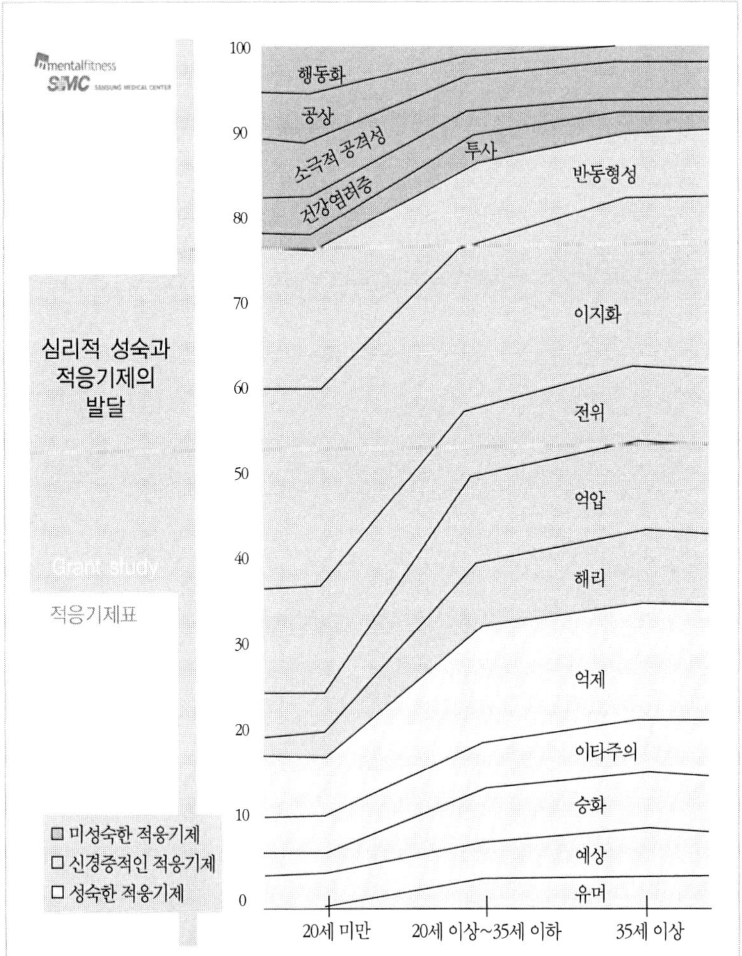

[그림 5-2] 심리적 성숙에 따른 적응기제 분포에서의 변화

의 화신으로 거듭나는 것"[29]과 같은 환골탈태(換骨奪胎)의 변화를 선사해 준다. 앞서 살펴본 것처럼, SPE에 참여한 헬맨이 실험 이후에 보여 준 극적인 변화도 바로 이러한 예에 해당된다. 심리적 성숙 과정은 비합리적인 사람들을 보다 합리적인 사람으로 만들어 주고 또 사랑받지 못하던 사람을 사랑스러운 사람으로 바꾸어 줄 수 있다.

심리적 성숙 과정은 삶에서 연금술과 같은 드라마틱한 변화를 가져다주고 또 그러한 변화의 핵심에는 적응기제 사용패턴에서의 변화가 자리 잡고 있다. 바로 이러한 점 때문에, 하버드 성인발달 연구의 책임자인 베일런트 교수는 적응기제를 '자아의 연금술(the alchemy of the ego)'이라고 명명하였다.[30] 하지만 멘탈 휘트니스 프로그램에서는 '자아'라는 용어를 사람들에게 상대적으로 더 친숙한 '심리학'이라는 표현으로 대치하여 '심리학적인 연금술(psychological alchemy)'이라고 부른다. 『심리학적인 연금술』이라는 저서에는 이처럼 연금술로 표현될 수 있는 다양한 삶의 지혜들이 소개되어 있다.[31]

마지막으로, [그림 5-1]과 [그림 5-2]는 멘탈 휘트니스의 세 번째 가정, 즉 '삶에서 완벽한 행복과 완전한 불행은 존재하지 않는다.'는 가정이 타당하다는 점을 보여 준다. [그림 5-1]에서 신경증적인 적응기제(반동형성, 억압, 이지화, 전위, 해리)의 경우에는 행복한 사람들과 부적응적인 삶을 살았던 사람들 간에 별다른 차이를 보이지 않았다. 이러한 결과는 제아무리 행복한 삶을 사는 사람도 신경증적인 고통을 겪기 마련이라는 점을 보여 준다. 따라서 세상에 완벽하게 행복한 사람은 존재하지 않는다. 그리고 [그림 5-1]은 부적응적인 삶을 살았던 사람들도 행복감을 선사해 줄 수 있는 성숙한 형태의 적응기제를 전체 적응기제의 비율 중 23% 정도는 사용한다는 점을 보여 준다. 따라서 세상에 완전하게 불행한 사람은 존재하지 않는다.

이러한 [그림 5-1]의 결과는 [그림 5-2]에서도 마찬가지로 확인된다. [그림 5-2]는 심리적 성숙 과정에도 불구하고 신경증적인 기제는 전 생애에 걸쳐 일정한 수준을 유지한다는 점을 보여 준다. 이러한 결과는 불교에서 말하는 '생즉고(生卽苦: 산다는 것은 고통스러운 것)'가 보편적인 현상임을 보여 준다. 이런 점에서 인간의 삶은 '고통 속의 행복'과 '행복 속의 고통'을 오가는 과정이라고 할 수 있다. 결론적으로, 삶에서 완벽한 행복과 완전한 불행은 존재하지 않는다.

미주

1) 맥 앤더슨(2007). 행복한 명언가게(정은비 역). 서울: 웅진윙스. p. 6.

2) Maddux, J. E., Snyder, C. R., & Lopez, S. J. (2004). Toward a positive clinical psychology: Deconstructing the illness ideology and constructing an ideology of human strengths and potential. In P. A. Linley & S. Joseph (Eds.), *Positive psychology in practice* (pp. 320-334). Hoboken, NJ: Wiley. p. 332.

3) Buckingham, M., & Clifton, D. O. (2001). *Now, discover your strengths.* New York: The Free Press. p. 25.

4) 헬렌 S. 정(2011). 인라이어. 서울: 랜덤하우스. pp. 58-59.

5) Blake, W. (1803). *Auguries of innocence.*

6) 중앙일보(2010. 2. 1). 공허감 · 좌절감 가슴앓이 … 정신과 찾는 임원 꽤 많아.

7) 조세핀 킴(2011). 우리 아이 자존감의 비밀. 서울: 서울문화사. pp. 226-227.

8) Sandler, J., & Freud, A. (1985). *The analysis of defense: The ego and the mechanisms of defense revisited.* Madison, CT: International Universities Press. p. 249.

9) Goethe, J. W. V. (1961), Faust (W. Kaufmann, trans.). New York: Anchor Books. Scene III: The Study

10) Zimbardo, P. (2007). *The Lucifer effect.* New York: Random House. p. 240

11) Goethe, J. W. V. (1961). *Faust.* Prologue In Heaven.

12) Jay, M. (1984). *Adorno.* Cambridge, MA: Harvard University Press. p. 19.

13) Levi, P. M. (1958). *Survival in Auschwitz.* New York: Touchstone. p. 17.

14) 임레 케르테스(2002). 운명(박종대 역). 서울: 다른 우리. p. 203.

15) 임레 케르테스(2002). 운명. p. 209.

16) 임레 케르테스(2002). 운명. p. 292.

17) 임레 케르테스(2002). 운명. pp. 203-204.

18) 임레 케르테스(2002). 운명. pp. 205-250.

19) Milton, J. (1674). *Paradise Lost: A poem in twelve books*. London: S. Simmons. book 1, pp. 254-255.

20) 벤저민 프랭클린(2004). 벤저민 프랭클린: 덕의 기술(정혜정 역). 파주: 21세기북스. p. 215.

21) 에드몽드 샤를-루(2011). 코코샤넬(강현주 역). 서울: 디자인이음. p. 7.

22) 탈-벤 샤하르(2010). 완벽의 추구(노혜숙 역). 서울: 위즈덤 하우스. p. 272.

23) Dikinson, E. (1998). *The poems of Emily Dickinson: Reading Edition* (R. W. Franklin ed.) Cambridge, MA: Harvard University Press. After great pain, a formal feeling comes.

24) 최용일 편역(2010). 한 줄의 통찰: 원문과 함께 읽는 세계 명언명문. 서울: 21세기북스. p. 266.

25) 리차드 도킨스(2007). 만들어진 신(이한음 역). 서울: 김영사. p. 544.

26) 류시화(1997). 하늘 호수로 떠난 여행. 열린원. p. 213.

27) Nietzsche, F. (1882/1974). *The gay science: With a prelude in rhymes and an appendix of songs* (W. Kaufmann, trans.). New York: Vintage Books. pp. 228-229.

28) Vaillant, G. E. (2002). *Aging well*. Boston: Little Brown. pp. 3-39.

29) Vaillant, G. E. (2002). *Aging well*. p. 62.

30) Vaillant, G. E. (1997). *The wisdom of the ego*. Cambridge, MA: Harvard University Press. p. 8.

31) 고영건, 안창일(2007). 심리학적인 연금술. 서울: 시그마프레스.

06

삶의 고통과 멘탈 휘트니스:

인간 부처가 묻고 멘탈 휘트니스가 답하다

06

삶의 고통과 멘탈 휘트니스: 인간 부처가 묻고 멘탈 휘트니스가 답하다

마음속 지옥을 피하려고 하면, 마음속 천국에서도 멀어진다.

– 매슬로우(Abraham H. Maslow) –[1]

1. 영원한 삶의 주제: 여덟 가지 고해

프랑스의 귀족이자 작가인 라 로슈푸코(La Rochefoucauld)에 따르면, 인간은 태양을 정면으로 바라볼 수 없다.[2] 여기서 말하는 태양이란 심리학적인 상징의 측면에서 본다면, 질병과 죽음처럼 인간에게 공포감과 무기력감을 유발하는 삶의 고통들을 뜻한다. 이러한 고통의 종류와 해결방법에 관해서는 유사 이래로 다양한 설명들이 전해져 왔다. 비록 외형상 다른 언어와 다른 형식을 취할지라도 삶의 태양, 즉 공포심과 무기력감을 유발하는 고통의 종류와 그에 대한 해결방법은 대체로 유사한 편이다.

불교의 초기 경전인 아함경(阿含經)에서는 이러한 삶의 테마를 고제(苦諦)[3]에서 다루고 있다. 아함경은 부처가 깨달음을 얻은 후 첫 번째로 행한 설법을 담고 있다. 여기서 아함은 '전승된 가르침'을 말한다. 고제는 진리에 관한 네 가지 가르침을 뜻하는 사성제(四聖諦)의 하나로서, 범부(凡夫), 즉 깨달음을 얻지 못한 일반인의 삶은 고통스러운 것임을 밝히는 설법이다.

아함경은 부처의 깨달음의 원형(原形)인 동시에 정수(精髓)에 해당된다. 6년의 고행(苦行)을 거쳐 보리수(菩提樹) 아래에서 깨달음을 얻은 후, 부처는 첫 번째 설법을 망설일 수밖에 없었다.[4] 그도 그럴 것이, 그가 오랜 고행을 통해 얻은 삶의 이치는 언어도단(言語道斷)의 깨달음이었기 때문이다.

처음에 부처는 자신이 출가한 후 만났던 두 스승을 찾아가 스스로 깨우친 내용을 검증받으려 했다. 하지만 두 스승은 이미 작고한 상태였다. 할 수 없이 부처는 과거에 자신이 수행 도중에 고행(苦行)의 무익함을 설파하자, 자신을 경멸하며 떠나가 버렸던 다섯 비구니들에게 검증을 받기로 결심했다.

부처는 비구니들에게 삶은 고해(苦海), 즉 고통의 바다와 같은 것이고 이러한 고통으로부터 자유로워지기 위해서는 허상(虛像)에 집착하는 갈애(渴愛)로부터 벗어나야 한다고 주장하였다. 갈애는 목마를 때 물을 간절히 찾듯이 욕망에 빠지는 것을 말한다. 하지만 처음에 비구니들은 부처가 구도자의 길을 포기한 사람이라고 믿었기 때문에 부처의 말에 귀 기울이지 않았다. 이처럼 비구니들의 완강한 저항에 부딪히게 되자, 부처는 "그럼, 당신들은 예전에 내 안색이 이렇게 밝게 빛나는 것을 본 적이 있는가?"[5]라고 물었다. 부처의 안색이 이전과는 확연하게 다르다는 것을 깨달은 다섯 비구니들은 그제서야 부처의 설법에 승복하고 모두 부처의 제자가 되었다. 여기서 중요한 점은 부처 역시 논리로써 비구니들을 설득시킨 것이 아니라는 점이다. 이러한 일화는 때때로 행복의 문제가 논리로 설득하기보다는 직접 보여 주는 것이 더 효과적일 수 있음을 깨닫게 해 준다.

아함경에서는 인간의 고통을 삼고(三苦: 세 가지 고통)와 팔고(八苦: 여덟 가지 고통)로 구분한다. 먼저 고통은 인간이라면 누구나 고통을 느낄 수밖에 없는 생로병사(生老病死)의 고고(苦苦), 억장이 무너지는 고통을 뜻하는 괴고(壞苦) 그리고 덧없는 감각 경험에 집착함으로써 발생하게 되는 고통인 행고(行苦)의 '삼고(三苦)'로 분류된다. 그리고 삼고는 다시 '팔고(八苦)'로 세분될 수 있다. 그 팔고의 내용

표 6-1 인생의 여덟 가지 고통

삼고	팔고	고통의 의미
고고	생(生)	태어나는 고통
	노(老)	늙는 고통
	병(病)	병드는 고통
	사(死)	죽는 고통
괴고	애별리(愛別離)	사랑하는 것과 헤어지는 고통
	원증회(怨憎會)	미워하는 사람과 만나야 하는 고통
	구부득(求不得)	원하는 것을 이루지 못하는 고통
행고	오취온(五取蘊)	다섯 가지 덧없는 허상(虛像)에 집착하는 고통 * 색(色: 본능적 욕구)으로 인한 고통 * 수(受: 감각 경험으로서의 욕구)로 인한 고통 * 상(想: 지각적으로 표상된 욕구)으로 인한 고통 * 행(行: 체험과 활동에 대한 욕구)으로 인한 고통 * 식(識: 분별욕)으로 인한 고통

은 〈표 6-1〉과 같다.

2. 삶의 고통을 치유하는 연금술로서의 행복기제

부처는 깨달음을 얻은 후에, "나는 인간의 몸으로 태어났고 인간으로 성장하였으며 인간으로서 부처가 되었다."[6]라고 선언하였다. 그리고 인간 부처는 고집멸도(苦集滅道)의 사성제에서 삶의 고해를 해결해 줄 수 있는 지혜로서 '팔정도(八正道)'를 제시하였다. 팔정도의 내용은 〈표 6-2〉에 제시되어 있다.

전도서 1장 9절에는 다음과 같은 구절이 나온다. "이미 있던 것이 후에 다시 있겠고 이미 한 일을 후에 다시 할지라. 해 아래에는 새 것이 없나니." 멘탈 휘트니스 긍정심리 프로그램이 인생의 여덟 가지 고통을 다루는 방식 역시 전도서의 그러한 지적으로부터 자유롭지 못하다. 이런 점에서 등산로의 비유를 들자면, 인생의 여덟 가지 고통과 관련해서 멘탈 휘트니스가 하는 일은, 진리의 산을 오르는 데 있어 기존의 삶의 지혜들이 제시하는 것과는 다른, 새로운 등산로를 개척하는 것이라고 할 수 있다.

멘탈 휘트니스에서는 인생의 고통을 다루는 심리학적 연금술을 강조한다. 오늘날과 같은 '과학'의 시대에 '연금술'이라는 용어는 사실상 설 자리를 발견하기 어려울 것이다. 하지만 인간의 삶을 논할 때 우리가 반드시 명심해야 할 경구(警句)가 있다. 미국의 시인 커밍스(E. E. Cummings)가 강력하게 경고한 것처럼, "오직 몹쓸 놈들만 온도계로 봄을 측정한다."[7]는 점이다.

표 6-2 팔정도

팔정도	의 미
정견(正見)	올바른 견해
정사유(正思惟)	올바른 마음가짐
정어(正語)	올바른 언어
정업(正業)	올바른 행위
정명(正命)	올바른 생활
정정진(正精進)	올바른 노력
정념(正念)	올바른 의식
정정(正定)	마음의 안정

과학적 심리학이 실제 삶의 문제를 다룰 때 직면하게 되는 가장 큰 문제점 중 하나는 측정 가능한 것은 종종 실제 삶의 문제와 별로 상관이 없고 정말 중요한 것은 사실상 정확하게 측정하기 어렵다는 것이다. 이런 점에서 "인간이 과학을 필요로 하는 것은 분명하지만 과학은 결코 인간을 합당하게 내해 준 적이 없다."[8]라는 베일런트 교수의 비판을 심리학자들이 깊이 되새길 필요가 있다. 그러므로 밤하늘의 별들을 관측하거나 인공위성의 궤도를 수학적으로 계산할 때와는 다르게, 인생의 문제를 조망할 때 우리에게 절실히 요구되는 것 중 하나는 철학자 카우프만(Walter Kaufmann)의 표현을 빌리자면, "시적인 과학(poetic science)"[9]이라고 할 수 있다. 멘탈 휘트니스에서 다루는 심리학적인 연금술로서의 행복기제(happiness mechanism)가 바로 그 한 가지 예가 된다. 행복기제는 삶의 고통으로 인해 야기되는 부정 정서에 대해 길항 작용을 하는 긍정 정서를 활성화시킴으로써 행복한 삶에 기여하는 심리기제를 말한다. 행복기제가 시적인 과학에 해당된다고 말하는 이유는 그러한 개념이 상징에 기초한 은유

를 허용하면서도 과학적 가설 검증 절차를 배제하지는 않는 형태의 방법론에 기초하고 있기 때문이다.

멘탈 휘트니스에서 여덟 가지 삶의 고통을 치유하기 위해 시도하는 방법은 부정 정서에 대해 길항 작용을 하는 긍정 정서를 활성화하는 것이다. 삶의 고통은 일반적으로 부정적인 정서를 유발한다. 예를 들면, 질병은 근심 걱정을 유발한다. 우환(憂患)이라는 말이 시사하는 것처럼, 집안에 환자가 생긴다는 것은 커다란 걱정과 근심을 안겨다 준다. 하지만 이러한 근심 걱정은 특성상 희망과는 공존(혹은 양립)할 수 없다. 따라서 낙관성 훈련을 통해 긍정 정서인 희망감을 증진시킬 경우 질병으로 인한 근심과 걱정은 효과적으로 제어할 수 있다. 이때 낙관이 바로 행복기제에 해당된다.

멘탈 휘트니스에서는 행복기제가 인간의 불행을 치유하는 데 가장 핵심적인 역할을 하는 것으로 가정한다. 하지만 이러한 행복기제는 사람이라면 누구나 출생 전부터 간직하고 있는 행동양식은 아니다. 다시 말해, 행복기제는 공자(孔子)가 제시한 불학이능(不學而能)의 영역,[10] 즉 사람이 배우지 않고도 잘할 수 있는 영역에 속하지 않는다. [그림 6-1]에는 행복기제가 삶의 고통을 제어하는 과정이 도시되어 있다.

외견상 행복기제와 적응기제는 유사한 인상을 줄 수 있다. 그렇다면 그 차이는 무엇인가? 베일런트 교수는 하버드 성인발달 연구 결과를 소개하면서 행복한 삶에 중요한 기여를 하는 것 중 하나가 바로 성숙한 방어기제 또는 적응기제라고 제안하였다. 성숙한 적응기제는 고통을 유발하는 스트레스 상황에서 행위자 자신과 주변 사람 모두에게 행복감을 선사해 주는 기제를 말한다. 이러한 적응기제로

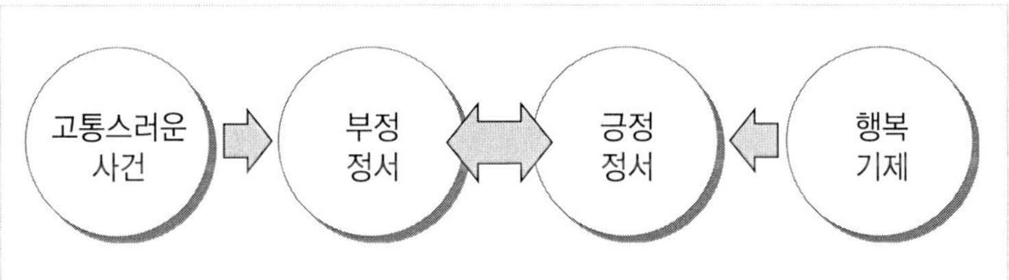

[그림 6-1] 행복기제가 삶의 고통을 제어하는 과정

는 승화, 억제, 예상, 유머 그리고 이타주의가 있다(적응기제에 관해서는 제2장 참조).

비록 성숙한 적응기제가 행복한 삶에 중요한 기여를 할 수 있을지라도 적응기제 또는 방어기제는 행복한 삶과 관련해서 세 가지 제한점이 있다.

첫째, 기본적으로 적응기제는 무의식적인(unconscious) 기제라는 점이다. 앞서 소개한 것처럼, 비록 심리적인 성숙 과정에서 적응기제가 발달하는 것이 가능할지라도, 기본적으로 적응기제는 무의식적인 특성을 가지고 있기 때문에 의식적인 형태의 학습이 매우 어렵다. 이러한 특성이 적응기제를 무가치한 것으로 만들지는 않을지라도, 행복해지고자 하는 열망을 갖고 있는 일반인들의 기대를 만족시키는 데는 한계가 있다.

둘째, 행복에 기여하는 성숙한 적응기제들은 충분한 심리적인 성숙을 전제로 하기 때문에 신생아를 비롯한 어린아이들의 경우에는 사실상 활용하는 것이 불가능하다는 점이다. 승화를 주된 적응기제로 활용하는 갓난아이는 존재하지 않는다. 하지만 인간은 출생 시부터 행복을 추구한다.

셋째, 적응기제가 적응에 유익한 도움을 준다고 해서 행복을 보장해 주는 것은 아니라는 점이다. 예를 들면, 실연의 아픔을 겪은 청년이 자기 내면의 고통을 감동적인 예술작품(소설, 연극, 그림, 음악 등)을 통해 표현할 경우, 성숙한 적응기제(승화)를 사용한 것이 된다. 아마도 그러한 승화의 기제는 그 청년이 실연의 아픔을 극복하는 데 중요한 기여를 할 수 있을 것이다. 하지만 그 청년이 실연의 아픔을 극복한다는 것과 실제로 그 청년이 행복해진다는 것은 별개의 문제다. 왜냐하면 그 청년이 실제로 행복해지기 위해서는 그 청년이 작품을 통해서가 아니라 현실에서 새로운 연인을 만나 사랑을 나누는 것이 필요하기 때문이다. 승화의 적응기제가 예술작품을 남기도록 한다면, 행복기제는 새로운 사랑이 시작될 수 있도록 도울 수 있다.

결론적으로, 고통에 효율적으로 대처하는 차원을 넘어 행복한 삶을 위해 노력하는 데는 성숙한 적응기제만으로는 충분하지 않아 보인다. 동양의 대표적 고전 중 하나인 『중용(中庸)』에 따르면, "하늘이 명한 것을 본성(性)이라 하고 그러한 본성이 잘 발현될 수 있도록 길을 닦는 것을 교육(敎)이라고 한다."[11] 이러한 중용의 개념을 차용할 경우, 행복 영역에서의 교육의 목적은 '인간에게 내재해 있는 행복본능, 즉 행복의 본성이 교화의 과정, 즉 행복기제를 통해 보다 더 성숙한 형태로 발현될 수 있도록 돕는 것'이 된다. 멘탈 휘트니스에서는 삶의 고통에 대처하는 행복본능이 문화적인 교화를 통해 심리적인 대처기제로 전환된 것을 행복기제라고 정의한다. 멘탈 휘트니스에서 행복기제를 통해 여덟 가지 삶의 고통에 대처하는 원리를 소개하면 다음과 같다.

여덟 가지 삶의 고통은 각각 고유한 부정적인 정서와 밀접한 관계가 있다. 이때의 부정적인 정서는 본질적으로 복합 정서에 해당된다. 복합 정서란 기쁨, 분노, 공포, 혐오, 놀람 그리고 슬픔의 여섯 가지 기본정서[12]가 문화적으로 정제되고 혼합된 형태로 표현되는 것을 말한다.

태어나는 고통은 부정 정서로서 경악(fright) 반응을 유발하고, 나이 드는 고통은 쫓기는 듯한 초조(nervousness)한 감정을 불러일으키며, 질병은 근심 걱정(worry)을 야기한다. 그리고 죽음은 허무감(futility)을 유발하고, 사랑하는 사람과 이별하는 것은 박탈감(deprivation)에 빠지게 하며, 미워하는 사람을 만나야 하는 것은 원한(resentment)의 감정을 더 깊어지게 만든다. 또 원하는 것을 얻는데 실패하는 것은 낙담(discouragement)을 유발하고, 유체적인 쾌락과 같은 덧없는 허상(虛像)에 집착하는 것은 궁극적으로 권태감(boredom)에 빠지도록 만든다.

이러한 여덟 가지 부정 정서와 길항적 관계에 있는 긍정 정서 그리고 그러한 정서를 활성화하는 데 기여하는 행복기제는 〈표 6-3〉에 제시되어 있다. 경악 반응은 신뢰(trust)의 행복기제를 통해 활성화되는 안심(relief) 혹은 안도감과 동시에 경험될 수 없으며, 초조감은 향유(savoring)의 행복기제를 통해 활성화되는 여유감(sense of affordability)과 공존할 수 없다. 또 근심 걱정은 낙관(optimism)의 행복기제에 의해 활성화되는 희망감(hope)과 동시에 양립될 수 없으며, 허무감은 영성(spirituality)의 행복기제를 통해 활성화되는 경외감(awe)과 동시에 체험될 수 없다. 그리고 박탈감은 심리적인 동화(psychological assimilation) 기제에 의해 활성화되는 애정(affection)과 공존할 수 없으며, 원한의 감정은 공감(empathy)의 행복기제에 의해 활성화되는 용서(forgiveness)의 감정과 동시에 경험될 수

표 6-3 여덟 가지 고통과 행복기제

팔 고	부정 정서	긍정 정서	행복기제
생	경악	안심	신뢰
노	초조	여유	향유
병	걱정	희망	낙관
사	허무	경외	영성
애별리	박탈	애정	동화
원증회	원한	용서	공감
구부득	낙담	열정	투지
오취온	권태	충만	심안

없다. 또 낙담은 투지(그릿: grit)의 행복기제에 의해 활성화되는 열정(zest)과 동시에 체험될 수 없으며, 권태감은 심안(mind's eye)의 행복기제에 의해 활성화되는 충만감과 양립될 수 없다.

3. 행복기제의 작용 원리

본질적으로 행복과 긍정적 정신건강 그리고 지혜는 동일한 현상에 대해 세 가지 각기 다른 측면을 포착한 개념이라고 할 수 있다. 행복하지 않은 형태의 정신건강과 지혜, 정신적으로 건강하지 않은 형태의 행복과 지혜 그리고 지혜롭지 못한 형태의 행복과 정신건강은 사실상 아무런 의미도 없는 개념이다. 언제나 행복한 사람은 정신적으로 건강한 동시에 지혜를 갖추고 있을 수밖에 없다.

행복기제의 작용 원리를 이해하는 데는 다음의 질문에 대해 고민해 보는 것이 필요하다. "물질 중 일상생활에서 인간의 행동에 가장 강력한 영향을 주는 것은 무엇일까?" 사람들에게 이러한 질문을 던지면 가끔은 '사랑'이나 '권력'처럼 비물질적인 것을 답하기도 한다. 하지만 질문의 요지는 일상생활에서 인간의 행동에 가장 큰 영향을 미치는 물질이 무엇인지를 찾는 것이다. 이 물음에 많은 사람들은 '돈'을 첫 번째 대답으로 선택한다. 자본주의 사회에서 돈이 인간의 행동에 큰 영향을 미치는 것은 사실이다. 하지만 정답은 아니다. 돈은 비교도 할 수 없을 만큼, 인간의 행동에 결정적인 영향을 주는 물질은 따로 있다. 보통은 돈에 이은 후속 답변으로 '밥'이 따라 나온다. 특정 상황에서 밥은 인간의 행동에 가장 큰 영향을 줄 수 있는 물질일 수 있다. 영양실조로 죽어 가는 기아 상황이 바로 그 예다. 하지만 이것은 지극히 특수한 예외적인 상황이고 원래 문제에서는 일상생활이라는 조건이 붙어 있다. 자, 이제 다시 도전해 보라. 과연 물질 중 일상생활에서 인간의 행동에 가장 강력한 영향을 주는 것은 무엇일까?

정답은 바로 엔돌핀(endorphin)이다. 엔돌핀은 뇌 속에서 분비되며 진통 및 쾌감 효과와 관계있는 호르몬 물질을 말한다. 엔돌핀이라는 용어는 '몸에서 생기는'이라는 의미의 '내생적(endogenous)'이라는 단어와 기분을 좋게 해 주고 진통 효과를 나타내는 화학물질인 '모르핀(morhpine)'이라는 단어가 합쳐져서 생긴 말이다. 엔돌핀은 아편과 화학 구조식이 유사하기 때문에 뇌아편기제라고도 불리운다. 사람들이 마약, 알코올, 도박 등의 다양한 중독 현상을 보이는 이유도 바로 이러한 엔돌핀이라는 물질과 관계가 있다.

엔돌핀의 효과를 잘 보여 주는 예로는 '러너스 하이(runner's high)'라는 현상을 들 수 있다. 조깅을 할 때처럼 오랫동안 달리다

보면 굉장히 힘들고 고통스럽지만 어느 순간부터는 마치 약에 취한 것처럼 기분이 좋아지는 체험을 하게 된다. 이때는 마치 몸이 날아가는 것처럼 가벼워진다고 해서 '러너스 하이'라고 부르기도 하는데 이것이 바로 엔돌핀의 전형적인 효과에 해당된다.

행복을 경험한다는 것은 정서적으로 기쁨(joy)의 감정을 지속적으로 체험하는 것을 뜻한다. 이런 점에서 행복기제의 역할은 삶에서 기쁨이 오랫동안 지속될 수 있도록 돕는 것이다. 기쁨과 쾌감은 생리적인 측면에서 엔돌핀이 작용한다는 공통점을 갖고 있다. 하지만 기쁨과 쾌감은 질적으로 서로 다른 감정이다.

약물이나 최면은 인간에게 쾌감을 줄 수는 있어도 기쁨을 선사해 주지는 못한다. 예를 들면, 헉슬리(Aldous Huxley)의 『멋진 신세계 *Brave New World*』라는 소설 속에 등장하는 정부는 국민들을 순종적인 피지배자로 만들기 위해 소마(Soma)라는 신경안정제를 먹여 인위적인 행복을 조장한다.[13] 하지만 이러한 신경안정제는 인간에게 행복감을 선사해 줄 수 없다. 왜냐하면 기쁨은 자동적으로 주어지는 것이 아니라, 주체의 의미 있는 노력을 통해서만 체험될 수 있는 감정이기 때문이다.

또 기쁨은 기본적으로 타인과의 관계 속에서만 체험될 수 있는 '관계 지향적 정서'다.[14] 대조적으로 마약, 알코올 그리고 도박이 주는 쾌감은 다른 사람 없이 혼자서 즐기는 것이 가능할 뿐만 아니라, 주로 그러한 활동에 중독되는 사람들은 사회적 관계가 심각하게 손상된 사람들이다.

행복기제가 다양한 삶의 고통을 극복할 수 있도록 도울 수 있는 것은 바로 기쁨의 감정을 경험할 때 체내에서 함께 분비되는 엔돌핀의 진통 및 쾌감 증진 효과 때문이다. 이처럼 엔돌핀의 생리학적인 작용을 통해 삶의 고통에 맞서 기쁨을 경험할 수 있다는 사실은 행복의 본질이 승화된 긍정성에 있다는 점을 상기시켜 준다. 이별의 아픔이 없다면 재회의 기쁨도 존재하지 않을 것이고, 원한이 없다면 용서의 기쁨도 체험할 수 없을 것이며, 궁극적으로 삶의 고통이 없다면 행복기제가 선사해 주는 기쁨도 경험할 수 없을 것이다.

외견상 행복기제를 통해 활성화되는 긍정 정서는 일상생활에서 흔히 경험할 수 있는 감정들이기 때문에 특별한 학습이 필요하지 않을 것 같은 인상을 줄 수 있다. 예를 들면, 사람이 친애(사랑)의 감정을 경험하는 것은 본능에 속하는 것처럼 보인다. 하지만 심리학 연구 결과는 사랑조차도 교양 교육이 필요한 대표적인 정서에 속한다는 점을 보여준다.

버클리(Berkeley) 대학 심리학과의 켈트너(Keltner) 교수는 사랑의 마음을 나타내는 비언어적인 표현을 사람들이 얼마나 잘 지각하는 지를 연구하였다.[15] 그는 사람들에게 사랑을 비롯해 다양한 감정 상태를 나타내는 음성을 들려주고서 각 음성에 어떤 감정이 담겨 있는 지를 판단하도록 요구하였다. 그 결과 [그림 6-2]에 도시된 것처럼, 사람들은 사랑을 나타내는 음성에 대해서는 그것이 어떤 감정을 담고 있는지 정확하게 지각해 내지 못하였다. 놀랍게도 즐거움이나 관심 등과는 다르게 사람들이 사랑의 감정 표현을 정확하게 지각하는 비율은 사실상 우연 수준에 가까웠다. 이러한 결과는 음성이 아니라 사진 자극을 사용했을 때도 마찬가지였다.

켈트너 교수의 실험은 사랑의 감정조차도 본능의 수준에서는 사실상 제 기능을 온전하게 발휘하기 어렵다는 점을 보여 준다. 이런

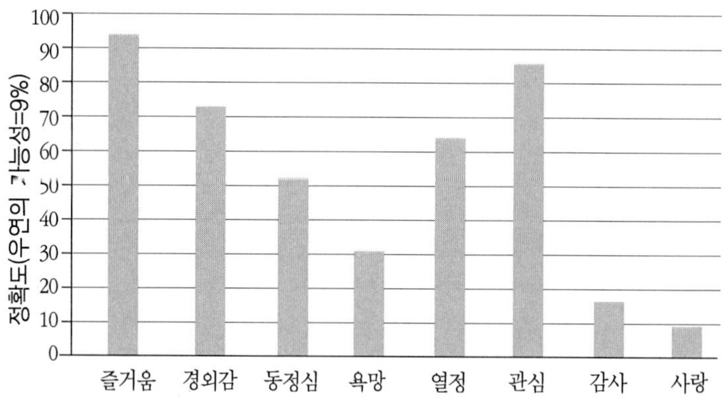

[그림 6-2] 음성으로 제시된 정서적 표현을 알아맞히는 정확도

점에서 비록 모든 행복기제와 긍정 정서가 반드시 학습을 거쳐야만 효과를 나타낼 수 있는 것은 아닐지라도, 사랑과 같은 감정은 교양교육이 반드시 필요한 영역이며, 다른 긍정 정서의 경우에도 교양교육을 받을 경우 제 기능을 더 효과적으로 발휘할 수 있을 것으로 기대된다.

사랑(혹은 행복기제로서의 동화)에 관해 교양교육을 받는다는 것은 무엇을 뜻하는가? 인생의 문제를 조망하는 과정에서 사변에 집착하다 보면, 대단히 기이한 생각에 집착할 수 있다. 예를 들면, 앨런(Woody Allen)은 〈사랑과 죽음 *Love & Death*〉이라는 영화에서 사랑과 고통 그리고 행복이 뒤엉킨 코믹한 사고의 예를 소개한 바 있다.

> 사랑은 고통이다. 고통을 피하려면 사랑하지 말아야 한다. 하지만 그럴 경우 사랑하지 않는 데 따른 고통이 있다. 따라서 사랑은 고통이며 사랑하지 않는 것도 고통이며 고통받는 것도 고통이다. 행복해지

려면 사랑해야 한다. 그러므로 행복하려 하면 고통스러워지고 고통은 사람을 불행하게 만든다. 결국 불행해지려면 사람은 사랑을 하거나 혹은 고통을 사랑하거나 너무 많은 행복 때문에 고통받아야 한다.[16]

이러한 부질없는 잡념의 연쇄에서 벗어나기 위해서는 행복기제의 구체적인 사례를 소개하기에 앞서 가치판단을 명료하게 정리하고서 넘어갈 필요가 있다. 텁스(Tufts) 대학의 교수인 해리슨(Lawrence E. Harrison)은 삶에서 제아무리 상대주의적 견해가 득세한다 하더라도 다음의 보편적 가치에 대해서는 절대 다수가 동의할 것이라고 주장하였다.

"첫째, 생명은 죽음보다 낫다.
둘째, 건강은 질병보다 낫다.
셋째, 자유는 노예 신분보다 낫다.
넷째, 번영은 가난보다 낫다.
다섯째, 교육은 무지보다 낫다.
여섯째, 정의는 불공정보다 낫다."[17]

행복기제에 관한 담론에서는 그 목록에 한 가지 항목을 덧붙일 필요가 있을 것 같다. 그것은 다름 아닌, '행복은 불행보다 낫다.'는 것이다.

다음 장에서는 행복기제를 통해 인간 부처가 제시한 여덟 가지 삶의 고통을 해결하는 구체적인 방법에 관해 살펴보도록 하겠다. 단, 여기에서 한 가지 주의할 점은 이 글에서 비록 삶의 여덟 가지 고통과 행복기제를 하나씩 짝지어 제시할지라도, 어느 한 고통이 오직 하나의 정해진 행복기제로만 극복할 수 있는 것은 아니라는 점이다. 기본적으로 다양한 행복기제가 동시에 다양한 삶의 고통들을 치유하는 것이 가능하다. 단지 이 글에서는 예시의 목적으로 삶의 고통과 행복기제를 짝지어 제시하고자 한다.

미주

1) 탈-벤 샤하르(2010). 완벽의 추구(노혜숙 역). 서울: 위즈덤 하우스. p. 87.

2) 어빈 D. 얄롬(2008). 보다 냉정하게 보다 용기있게(이혜성 역). 서울: 시그마프레스. p. 298.

3) 이연숙(1992). 새 아함경. 서울: 인간사랑.

4) 이규항(2009). 0의 행복: 붓다는 인생을 발견한 콜롬버스. 서울: 글누림. p. 98.

5) 홍사성(2009). 아함경. 서울: 불교시대사. p. 30.

6) 증일아함경(增一阿含經). 권 28.

7) Vaillant, G. E. (1997). *The wisdom of the ego*. p. 118.

8) Vaillant, G. E. (1977). *Adaptation to life*. p. 11.

9) Vaillant, G. E. (1997). *The wisdom of the ego*. p. 119.

10) 공자가어(孔子家語). 예운(禮運) 편.

11) 중용(中庸) 제1장.

12) Ekman, P., Friesen, W. V., & Ellsworth, P. (1982). What emotion categories or dimensions can observers judge from facial behavior? In P. Ekman (Ed.), *Emotion in the human face* (pp. 39-55). New York: Cambridge University Press.

13) Huxley, A. (1998). *Brave New World* (First Perennial Classics ed.). New York: Harper Collins Publishers.

14) Vaillant, G. E. (2008). *Spiritual evolution*. New York: Broadway Boks. pp. 119-134.

15) 대커 켈트너(2011). 선의 탄생(하윤숙 역). 서울: 옥당. pp. 305-306.

16) 우디 앨런(1975). 사랑과 죽음 (DVD). 서울: 무비스톤.

17) Harrison, L. E. (2000). Why culture matters in L. E. Harrison & S. P. Huntington (Eds.), Culture matters: How values shape human progress. New York: Basic Books. p. xxvi.

07

생로병사의 고통과 행복기제

07

생로병사의 고통과 행복기제

너무나 경이롭다고 참이 아닌 것은 없다.

–패러데이(Faraday)–[1]

1. 출생의 고통과 신뢰

그리스의 시인 헤시오드(Hesiod)는 인생의 황금기(Golden Age)를 "슬픔과 고통으로부터 자유로운 마치 신(神)과도 같은 삶"[2]이라고 묘사하였다. 그렇다면 실제 인생에서의 발달 단계 중 이러한 황금기에 대한 설명과 가장 잘 부합되는 시기는 언제일까? 한번 잠시 책 읽는 것을 멈추고 생각해 보기 바란다.

대부분의 사람들은 처음에 이러한 질문을 받으면 어리둥절해하지만 곧 이내 '어머니 뱃속에 있던 때'라고 대답한다. 어머니 뱃속에서 태아는 자궁 속 양수를 통해 외부의 물리적인 충격과 각종 유해한 물질로부터 보호받을 뿐만 아니라, 동시에 탯줄을 통해 신선한 산소와 영양분을 공급받는 안락한 생활을 한다. 일반 사람들이 대답에서처럼, 자궁 속에서 생활하던 때가 인생의 황금기에 해당된다면, 결국 인간이 태어난다는 것은 신들이 사는 천국과도 같은 낙원에서 추방당하는 고통을 겪는다는 것을 의미한다. 이러한 시각은 출생 후의 삶에 대한 기본적인 가정과 조망에 중요한 영향을 주기 때문에 멘탈 휘트니스의 관점에서 재조명해 볼 필요가 있다.

만약 인간이 출생 과정에서 겪는 이러한 고통을 극복하고 행복감을 경험하려면, 다시 말해서 인간의 출생이 '낙원에서 추방당하는 비극'이 아니라 '신의 은총을 받은 축복 같은 사건'으로 받아들여지기 위해서는, 삶에서 어떤 노력이 필요한 것일까? 이러한 물음에 답하기 위해서는 출생을 전후로 해서 얻는 것과 잃는 것에 대한 대차대조표를 먼저 작성해 볼 필요가 있다.

출생 전에 비해 출생 후에 무엇을 잃어버리는가에 대해서는 쉽게 답할 수 있다. 어머니의 자궁은 기본적으로 아기에게 지상낙원과 같은 안락감과 따뜻함을 제공해 준다. 안락한 생활에 필요한 모든 것이 자동시스템처럼 제공되었던 엄마 뱃속과는 달리, 좁은 산도(産道)를 따라 나오는 과정에서, 아기는 이전의 안락함이 모두 사라져 버리는 체험을 하게 된다. 또 태어나자마자 아기는 따뜻한 느낌도 박탈당하게 된다. 아기가 태어나서 처음 받는 고통 중 하나는 추위다. 신생아는 오랫동안 자궁 안에서 약 37℃ 수준의 최적 온도에서 생활한다. 신생아들은 체온 조절 기능이 미숙하기 때문에 자궁을 벗어나 세상에 태어나는 순간부터 추위로 고통을 받게 된다. 특히 신생아들은 양수에 젖은 채로 태어나기 때문에 출생 직후에는 심한 체온 저하를 경험하게 된다. 따라서 일반적인 분만 조건에서 아기는 태어나면서 고통을 경험하게 된다.

이처럼 출생 과정에서 아기가 안락함과 따뜻함을 박탈당함으로써 '경악' 반응을 나타낸다면, 그 대신 얻는 것은 무엇인가? 그것은 바로 돌보는 이들의 도움을 통해 기쁨을 맛보면서 안심을 하게 되는 것이다.

자궁 속 자동시스템에서 영양분과 산소를 공급받을 때 경험하게 되는 안락함과 따뜻함이 제아무리 좋다 할지라도, 그러한 쾌감에는 한계가 존재한다. 제3장에서 소개한 철학자 노지크(Nozick)의 사고실험 내용을 떠올려 보라. 사람이 탱크 안에서 안락하게 생활할 수 있는 경험기계가 있다고 가정할 때, 이런 형태의 시뮬레이터 속에서 사람들이 비록 어느 정도의 쾌감을 경험할 수는 있어도 진정한 행복감을 맛보는 것은 불가능하다. 왜냐하면 앞서 소개한 것처럼, 사람은 저절로 주어지는 것이 아니라, 본인 스스로 피땀 흘려 이룩한 것에서 진정한 행복감을 느끼는 존재이기 때문이다.

기본적으로 신생아가 경험하게 되는 기쁨은 '먹이 찾기'와 '모로(Moro)' 등과 같은 반사활동을 매개로 나타난다.[3] 먹이 찾기 반사는 엄마의 젖꼭지가 입에 닿으면 자동적으로 빠는 것을 말한다. 그리고 모로 반사(Moro Reflex)는 아기가 돌보는 이의 품에서 떨어질 때 마치 깜짝 놀라 양팔을 쫙 벌리고서 포옹하려는 것처럼 끌어안는 행동을 나타내는 것을 말한다.

태어난 직후에 아기에게 젖을 물려 주면 먹이 찾기 반사가 나타난다. 하지만 여기서 주의해야 할 점은 어머니 젖을 처음으로 빨 때, 아기는 모유를 충분히 섭취할 수 있기까지 여러 차례의 시행착오를 겪어야 한다는 점이다. 왜냐하면 아기는 젖 빠는 방법을 배운 적이 없기 때문이다. 아기가 젖을 물고 있다고 해서 젖을 정상적으로 빨아서 모유를 섭취하고 있다고 오해해서는 안 된다. 비록 본능의 도움으로 이러한 학습이 빠르게 일어날지라도, 아기가 엄마 젖을 빠는 것은 자동적으로 이루어지는 것이 아니라, 시행착오 학습의 결과다. 때때로 아기는 처음으로 모유를 먹을 때, 얼굴이 새빨개지도록 젖을 빨기 위해 안간힘을 쓰는 경우도 있다. 하지만 이러한 노력을 통해 모유를 먹게 되었을 때 아이가 경험하는 기쁨은 어머니 뱃속에 있을 때의 안락감에 비해 결코 뒤지지 않는다. 이런 점에서 심리학적인 관점에서 보면, 신생아 시기는 '세상을 맛보는 기쁨을 경험하는 시기'라고 할 수 있다.

출생 초기에 먹이 찾기 반사가 중요하다고 해서 신생아가 경험하는 기쁨의 원천이 그것뿐이라고 오해해서는 안 된다. 기본적으로 신생아가 경험하는 기쁨의 또 다른 형태는 '애착(愛着)'의 기쁨을 맛보는 것이다. 애착은 신생아가 특정 대상에 대해서 매우 강력한 형태의 심리적 유대 관계를 형성하는 것을 말한다.

태아와 신생아의 결정적인 차이 중 하나는 바로 '관계'다. 태아는 어머니와 탯줄을 통해 연결되어 있기 때문에 독립적인 존재로 보기 어렵다. 하지만 심리학적인 상징의 측면에서 본다면, 관계는 독립된 존재들 간의 접촉을 전제로 하는 활동이다. 따라서 태아는 관계를 형성한다고 표현하기 어렵다.

신생아의 경우 모로 반사가 가장 빈번하게 관찰되는 상황은 엄마가 아기를 품에 안고 있다가 바닥에 잠시 내려놓으려 할 때다. 이러한 경우 신생아는 마치 등에 센서가 달려 있기라도 한 것처럼, 놀라는 반응을 보이게 된다. 이처럼 모로 반사는 신생아가 엄마 품에 안길 때의 따뜻하고 안전한 느낌을 필사적으로 유지하려 노력하는 것과 깊은 관계가 있다.[4]

심리학적인 관점에서 본다면, 신생아가 젖을 빠는 것은 단순히 영양분을 공급받는 활동이 아니라, 접촉을 통한 관계의 기쁨을 맛보는 과정의 일부라고 할 수 있다. 심리학자인 할로우(Harry Harlow)는 새끼 원숭이 실험을 통해 젖 먹는 과정이 단순히 영양분을 공급받는 것 이상의 의미를 갖는다는 점을 보여 주었다.[5] 먼저 할로우는 젖이 나오는 장치가 장착된 철사로 만든 어미 원숭이와 젖은 텅 비었지만 따뜻한 접촉감을 제공해 주는 천으로 된 어미 원숭이를 만들었다. 그 후 할로우는 두 가지 형태의 어미를 새끼 원숭이 곁에 둔 다음에 행동을 관찰하였다. 관찰 결과, 새끼 원숭이는 비록 배가 고플 때는 철사 어미에게 달려가 배를 채울지라도, 그 이외의 시간에는 주로 천 어미와 접촉을 하면서 지내는 것으로 나타났다.

접촉을 통한 관계의 중요성을 가장 극명하게 보여 주는 실험 중 하나는 '철의 여인' 실험이었다. 할로우는 새끼 원숭이를 향해 날카로운 것으로 찌르거나 차디찬 얼음물을 내뿜는 '철의 여인'이라 명명된 가짜 어미 원숭이를 제작하였다. 그 후 '철의 여인' 곁에 새끼 원숭이를 두었다. 한편으로는 놀랍고 또 다른 한편으로는 슬프게도, 새끼 원숭이는 아무리 상처를 받아도 '철의 여인'을 향해 끊임없이 다가가는 모습을 보였다. 새끼 원숭이들은 어떠한 경우에도 '철의 여인'과 애착관계를 갖는 것을 포기하지 않았다. 할로우의 실험은 원숭이의 접촉을 통한 관계의 욕구, 즉 애착의 욕구가 어느 정도인지를 상징적으로 잘 보여 준다. 아마 이러한 점은 인간도 마찬가지일 것이다.

행복기제로서의 신뢰는 '신생아가 분투적인 노력과 돌보는 이와의 협응적인 관계를 통해서 출생 시의 쇼크를 극복하고서 안심한 상태에서 일상생활의 다양한 활동들에서 기쁨을 경험하는 것'을 말한다. 여기에서 중요한 점은 '안심'이 신생아만이 경험하는 긍정적인 감정이 아니라는 점이다. 앞서 언급했던 것처럼, 행복의 감정은 관계지향적인 특성을 갖는다. 이런 점에서 신생아가 경험하는 안심도 돌보는 이와 함께 공유하는 형태로 경험하게 되는 긍정적 감정에 해당된다.

기본적으로 신생아가 경험하는 기쁨은 본능적인 반사행동에 기초한 정서 경험인 반면에, 신뢰를 통한 안심은 아기가 신체자아(body ego)[6]를 활용해 학습하는 정서적 체험이다. 신체자아는 자기 신체에 대한 자의식을 말한다. 신체자아에 기초한 활동과 반사행동을 구분하는 중요한 기준 중 하나는 '행동의 차별성'이다. 예를 들면, 신생아는 본능적으로 미소를 짓는데 처음에는 반사적으로 무차별적인 형태의 미소를 짓다가 생후 한 달 무렵부터는 차별적인 형태의 미소를 나타낸다.[7] 대체로 출생 후 한 달이 지난 아기들은 다른 사람 앞에서 보다 엄마의 목소리를 들었을 때 더 일관되게 미소를 보인다.

신체감각에 대한 통제능력이 발달함에 따라, 점차 신생아는 신뢰의 심리학적 기술을 학습하게 된다. 무차별적인 행동을 나타내는 반사행동 단계에서는 '관계'에 대한 안정된 이미지를 구축하는 것이 불가능하다. 행복기제의 하나인 신뢰는 욕구 충족이 이루어진 짧은 순간 동안에만 경험되는 기쁨을 상대적으로 더 오랫동안 지속되는 즐거운 기분(mood)의 형태로 전환시켜 준다. 또 신뢰의 행복기제는 욕구 충족이 좌절된 상황에서도 신생아가 더 잘 견딜 수 있도록 도울 수 있다. 어느 한 시합에 이겼을 때 경험하는 기쁨은 리그에서 우승했을 때 상대적으로 즐거운 기분이 더 오래 지속되는 것과는 분명히 다르다. 또 마치 시즌 중 어느 한 시합에서 패배했다고 해서 리그에서의 우승이 불가능하지는 않은 것처럼, 기쁨을 경험하지 못하는 순간에도 즐거운 삶에 대한 신뢰(믿음)는 유지될 수 있다.

출생은 고통스러운 사건이지만, 승화된 긍정성의 관점에서 본다면, 행복감을 경험하기 위해 거쳐 가야 할 통과의례 같은 것이라고 할 수 있다. 좁은 산도를 따라 나와야 하는 출생의 고통은 이루 말할 수 없을 만큼 큰 것이지만, 그 과정에서 신생아는 엄청난 노력을 통해 바깥세상에 대한 적응 준비를 할 수 있다. 작가인 카바노프(Brian Cavanaugh)가 소개하는 '어느 소년의 나비 이야기'[8)] 는 출생의 고통이 아기의 삶에서 갖는 의미를 상징적으로 잘 보여 준다.

우연히 어느 소년이 나비의 고치 집을 길가에서 주웠다. 연약한 나비가 고치 집을 뚫고 나오려 하지만 힘이 부쳐 보이자, 그 소년은 칼로 고치 집을 벌려 주었다. 그러자 나비는 즉각적으로 자유를 얻을 수 있었다. 하지만 그 후 제법 오랜 시간이 지나도 나비는 기어다니기만 할 뿐, 전혀 날려고 들지를 않았다. 그러던 중 나비는 얼마 지나지 않아서 힘없이 몸을 떨다가 죽고 말았다. 이처럼 나비는 고치 집을 뚫고 나오는 힘든 과정을 통해 비로소 생존의 힘과 날개짓을 할 힘을 얻게 된다. 결국 고치 집을 힘겹게 뚫고 나오는 탄생의 고통이 없다면, 나비는 자유는커녕 생명마저 온전하게 부지하기 어려운 것이다.

요약하자면, 출생 후 아기는 돌보는 이와의 유대 관계에 기초해 '안심'한 상태에서 일상적인 기쁨들을 맛봄으로써 출생의 고통을 극복할 수 있다. 그리고 그 과정에서 획득되는 '신뢰'의 행복기제는 우리가 삶을 '낙원으로부터 추방당하는 형벌'이 아니라, '진정한 파라다이스를 찾아 떠나는 여행'으로 바라볼 수 있도록 해 준다.

2. 노화의 고통과 향유

쿠어하우스 미술관(Museum Kurhaus Kleve)에 소장되어 있는, 익명의 화가가 그린 〈인생의 계단〉(1660)이라는 작품은 사람들이 일반적으로 삶에 대해서 갖고 있는 시각을 잘 보여 준다.[9] [그림 7-1]에서 왼쪽 계단에 있는 인물들은 인생 전반부의 모습을 상징한다. 전체적으로 왼쪽 계단은 빛이 집중되고 변화무쌍하며 화려한 복장을 한 인물들이 배치되어 있다. 그림에서 10대는 염소 위에 앉은 소년, 20대는 손에 매를 들고 있는 모습, 30대는 화려한 깃발로 인생을 즐기는 모습, 40대는 전쟁에 몰두하는 모습 그리고 50대는 누군가에게 지시를 하는 듯한 모습으로 표현되었다.

반면에 인생의 후반부를 상징하는 오른쪽 계단의 모습은 빛이 소멸되어 가면서 삶의 종말을 향해 가는 인상을 준다. 계단 위의 인물들은 50대까지는 세상을 응시하지만 60대부터는 세상을 등진 모습을 하고 있다. 60대와 70대의 차이는 지팡이의 유무로 표현되고 있고 또 70대와 80대의 차이는 꾸부정한 허리로 표현되었다.

[그림 7-1] 인생의 계단

〈인생의 계단〉이라는 작품은 인생 경로가 포물선 형태라는 점을 전제로 해서 제작된 것이다. 전통적으로 60대 이후의 노년기는 점차 집중력, 기억력 그리고 노동능력이 감퇴하는 인생의 황혼기로 인식되어 왔나.

노화의 문제와 관련해서 지금까지 심리학이 규명해 낸 가장 흥미로운 연구 결과 중 하나는 바로 '시계를 거꾸로 돌리는 것'이 가능하다는 것이다. 하버드 대학의 랭어(Ellen J. Langer) 교수는 '시계 거꾸로 돌리기 연구(Counterclockwise study)'라는 프로젝트를 수행하였다.[10] 이 연구에서 랭어 교수는 노인들에게 20년 전의 생활환경을 만들어 주고서 일주일 동안 마치 20년 전으로 되돌아간 것처럼 생활하도록 하였다.

시계 거꾸로 돌리기 효과를 규명하기 위해 랭어 교수는 노인 집단을 둘로 나누어 실험 집단에서는 마치 과거로 되돌아간 것처럼 인식하고 생활할 것을 강조한 반면에, 통제 집단에는 실험 집단과 동일한 물리적 환경에서 생활하면서도 일주일간 과거를 회상하는 형태로 사건을 해석하고 또 그에 맞추어 행동하도록 요청하였다. 예를 들면, 두 집단은 일주일 동안 생활하면서 똑같은 스포츠 경기(20년 전의 슈퍼볼 결승전)를 시청했지만 실험 집단은 마치 현재 그 시합이 진행되는 것처럼 시청하고 대화를 나눈 반면에, 통제 집단은 과거의 경기라는 전제에서 시청하고 또 대화를 나누도록 했다.

시계 거꾸로 돌리기 연구 결과는 놀라운 것이었다. 불과 일주일간의 체험만으로도 실험 집단의 노인들은 통제 집단에 비해 인지기능, 근력, 키, 몸무게, 걸음걸이 등이 더 좋아졌다. 특히 실험의 내용을 모르는 제3의 관찰자들은 이들의 사진을 보고서, 통제 집단의 노인들보다 실험 집단의 노인들이 더 젊어 보인다고 평가하였다. 시계 거꾸로 돌리기 연구는 노화의 고통이 인간이라면 반드시 생물학적으로 거쳐야만 하는 숙명이 아닐 수 있다는 점을 보여 준다.

하지만 여기서 한 가지 주의할 점은 시계 거꾸로 돌리기가 '젊음의 샘' 기능을 나타낼 수 있을지라도, 그것은 노화의 속도를 조절할 수 있다는 의미이지, 나이 드는 것 자체를 막을 수 있다는 것은 아니라는 점이다. 그렇다면 노화가 주는 심리적인 고통은 무엇을 의미하는가? 암과 심장병으로 고통을 받다 세상을 떠난 저명한 언론인 배럿(Marvin Barrett)은 노년기의 삶에 대해 다음과 같이 말했다.

> "노년은 끝없는 지평선만이 아득하게 펼쳐져 있는 평원과 같다. 눈에 띄는 것은 아무것도 없고 사람들의 발자취마저 찾을 수 없다. 이정표에 익숙해져 있는 우리는 삶의 방향을 잃은 채로 그저 그곳에서 할 말을 잃고 놀란 채로 서 있을 뿐이다. 스무 살 이후로는 한 번도 느껴

보지 못했을 그 가공할 공포에 질린 채로 말이다."[11]

노화가 이처럼 공포스러운 것이라면, 인간이 인생의 황혼기에도 행복을 경험하는 것이 가능할까? 노화의 문제와 관련해서 심리학적인 연금술로서의 행복기제는 어떤 역할을 할 수 있는가?

하버드 성인발달 연구에 참여했던 어느 시인은 성공적인 노화와 불행한 노년의 가장 중요한 차이가 "인생을 즐길 줄 아는 여유"[12]라고 지적하였다. 노년기의 가장 큰 특징 중 하나는 '앞으로 살게 될 날보다는 살아온 날들이 훨씬 더 많다.'는 점이다. 마치 쏜살같이 지나쳐 가는 시간 속에서 노인들은 쫓기는 듯 '초조'해 하게 된다. 이러한 상황에서 '향유'의 행복기제는 노인들이 삶의 여유 속에서 현재를 온전하게 즐길 수 있도록 돕는다.

인생 전체를 통틀어서 현재를 가장 온전하게 경험할 수 있는 시기는 노년기다. 노년기 이전 시기에는 현재보다는 미래가 중시된다. 하지만 노년기에는 관심이 현재에 주로 집중된다. 노인들에게 미래는 점차 줄어들고 있고 또 과거는 이미 흘러가 버린 것이기 때문이다. 따라서 주어진 순간을 가장 온전하게 향유할 수 있는 시기가 바로 노년기라고 할 수 있다. 이런 점에서 젊은이는 미래를 위해서 살고 불행한 노인은 과거 속에서 사는 반면에, 행복한 노인은 현재를 즐기면서 살아간다고 할 수 있다.

'향유'는 삶의 풍미(風味)를 즐겁게 맛보는 것을 말한다. 향유는 몰입(flow)과는 다르다. 도전적인 과제를 집중력을 발휘해 완수해 내는 것을 뜻하는 몰입에서 행위자는 시간이 어떻게 지나가는지조차도 잊을 정도로 과제에 빠져 지낸다. 반면에 향유는 과제의 수행 과정 자체를 즐기고 음미하는 경험이다.

노년기를 여유롭게 보낸다는 것은 은퇴 후 소일거리를 하면서 한가하게 생활한다는 것을 의미하지 않는다. 여기서 말하는 여유는 높은 수준의 심리적 수용력(capacity)을 갖고 있을 때 나타내는 감정 상태를 말한다. 이를 테면, 여유는 산전수전을 다 겪은 사람들이 보이는 대처능력에서의 유능감에 해당된다.

이러한 심리적 수용력을 획득하기 위해서는 기품(grace)을 갖추는 것이 필요하다. 『중용』에 따르면, 교육의 목적은 내재한 본성에 기품을 부과하는 것이다.[13] 여기서 말하는 기품은 신의 은총(divine grace)과 대비되는 표현으로서, 인간적인 기품(human grace)을 뜻한다. 일반적으로 노년기는 개인의 잠재력이 전체적으로 거의 다 발현된 시기에 해당된다. 노년에 이르러서야 인간은 비로소 삶의 전모에 관해 말할 수 있는 위치에 서게 되며 또 인간이라는 존재에 관해 말할 수 있는 자격을 사회적으로 공인받게 된다. 따라서 노년에 이르러서야 인간은 르네상스적 교양인(Renaissance man)으로서의 면모를 갖추게 된다고 할 수 있다. 공자가 『논어』에서 70세를 일컬어, "종심소욕불유구(從心所慾不踰矩)," 즉 하고 싶은 대로 하더라도 법도에 어긋나는 일이 없다고 표현한 것은 행복한 노인이 삶을 향유하는 모습을 상징적으로 잘 보여 준다. 이런 점에서 노년기는 "불타오르는 본능을 잠재우고 내면의 평온을 향유하는 시기"[14]라고 할 수 있다.

프랑스의 대문호 위고(Victor-Marie Hugo)는 노화의 고통이 삶을 지배하는 시기를 어떠한 태도로 살아가야 하는지를 일깨워 줄 수 있는 소중한 격언을 남겼다. 그에 따르면, "젊음은 아름답지만 노년은 찬란하다. 젊은이는 불을 보지만 노인은 그 불길 속에서 빛을 본다."[15]

『모리와 함께 한 화요일 *Tuesdays with Morrie*』의 모리(Morrie) 교수 사례는 노화의 문제와 관련해서는 심리적인 여유를 갖추는 것이 매우 중요하다는 점을 잘 보여 준다. 자신의 제자가 젊은이들이 부럽지 않느냐고 질문을 했을 때 그는 여유만만하면서도 기품 있는 태도로 다음과 같이 답했다.

> "사실, 내 안에는 모든 나이가 다 있네. 난 3살이기도 하고, 5살이기도 하고, 37살이기도 하고, 50살이기도 해. 그 세월들을 다 거쳐 왔으니까. 그때가 어떤지 알지. 어린애가 되는 것이 적절할 때는 어린애인 게 즐거워. 또 현명한 노인이 되는 것이 적절할 때는 현명한 어른인 것이 기쁘네. 어떤 나이든 될 수 있다는 것을 생각해 보라구! 지금 이 나이에 이르기까지 모든 나이가 내 안에 있어. 이런데 자네가 있는 그 자리가 어떻게 부러울 수 있겠나. 내가 다 거쳐 온 시절인데?"[16]

3. 질병의 고통과 낙관성

만수우환(萬愁憂患)은 온갖 시름과 근심 걱정을 뜻하는 말이다. 그 표현에서 한자어인 '환(患)'은 근심 걱정과 질병이라는 의미를 동시에 갖고 있다. 이러한 사실은 전통적으로 질병과 근심 걱정이 마치 '한 몸(同體)' 같은 특성을 지니고 있음을 보여 준다. 이처럼 질병은 신체적인 통증과 더불어 감정의 차원에서 각양각색의 근심 걱정을 유발한다.

하지만 질병에 걸렸음에도 불구하고 스스로 희망감을 유지할 수만 있다면, 삶에서 그러한 근심 걱정이 개인의 행복을 가로막지 못하게 만들 수 있다. 이러한 희망감을 증진시킬 수 있는 대표적인 행복기제가 바로 낙관성이다. 낙관성을 통해 긍정 정서인 희망감을 증진시킬 경우, 질병으로 인한 근심 걱정을 효과적으로 제어할 수 있다. 왜냐하면 인간에게 희망은 일종의 진통제와 치료제의 역할을 동시에 수행할 수 있기 때문이다.

신체적인 질병과 낙관성 간 관계에 대한 가장 충실한 증거 중 하나는 그 둘 간의 관계를 메타(meta) 분석 기법을 활용해 조사한 것이다.[17] 한 연구에서는 낙관성과 신체적 건강에 대한 83개의 개별 연구들을 메타 분석하였다. 메타 분석은 동일한 주제를 다룬 과학적 논문들을 수집하여 방법론적인 타당성을 검토한 후 전체 연구 결과의 신뢰성과 효과의 크기를 통합적으로 재분석하는 방법이다. 메타 분석 결과, 낙관성은 심장혈관 및 암으로 인한 사망률을 신뢰롭게 예측하는 것으로 나타났다. 또 낙관성은 질병의 치료 효과에도 유의미한 영향을 주는 것으로 나타났다. 이런 점에서 신체적인 건강과 낙관성 간 관계는 상당한 수준의 학술적인 근거를 갖추고 있다고 할 수 있다.[18]

낙관성은 스트레스 질환을 포함한 각종 질환으로부터 신체를 보호해 줄 수 있다.[19] 하지만 신이 아닌 이상, 인간적인 노력은 완벽하지 않다. 따라서 때때로 우리는 병에 걸릴 수 있다. 혹은 태어나면서부터 선천적인 질병으로 고통받을 수 있다. 하지만 이처럼 질병으로 고통 받는 상황에서도 인간에게는 객관적인 신체 상태보다는 낙관성이 더 중요하다. 그렇기 때문에 건강심리학에서는 객관적인 신체 상태로서의 질환(disease)과 그에 대한 주관적인 경험으로서의 질병(illness)을 구분한다.[20] 멘탈 휘트니스의 관점으로 본다면, 낙관의 행복기제가 선사해 주는 희망은 우리가 질환에 걸리더라도 질병 때문에 고통스러워하지 않을 수 있도록 해 준다.

오프라 윈프리 쇼에서는 매우 불행한 가족력을 갖고 있는 가족 얘기가 소개된 적이 있다.[21] 그 가족의 식구들 중 어머니는 근이영양증(muscular dystrophy) 환자였다. 이 장애는 시간이 경과함에 따라 몸의 근육이 서서히 망가지고 약해져 가는 유전 질환이다. 그녀에게는 네 명의 자녀가 있었는데 첫째는 2살 때, 둘째는 6개월만에 그리고 셋째는 4살 때 모두 근이영양증으로 죽었다. 마지막 아이였던 막내 매티 스테파닉(Mattie Stepanek) 역시 어려서부터 근이영양증으로 인해 휠체어에 앉아서만 생활을 해야 했다.

근이영양증은 통상의 경우 단명하게 될 가능성이 매우 높은 희귀 질환 중 하나다. 앞서 언급한 대로, 실제로 매티의 형들과 누나는 4살을 넘기지 못하였다. 그렇다면 태어나자마자 생명의 불씨가 풍전등화(風前燈火)의 위기에 처해 있는 막내 매티 스테파닉이 행복한 삶을 살려면 어떤 노력이 필요한 것일까? 사실 상식적인 관점에서 보면, 매티는 이미 출생 시부터 신이 운명의 주사위를 잘못 던진 사례에 해당

[그림 7-2] 매티 스테파닉

되기 때문에, 행복한 삶을 사는 것이 사실상 불가능할 것 같은 인상을 준다. 하지만 멘탈 휘트니스에서는 매티처럼 병약하게 태어난 아이도 행복을 추구하는 것이 가능하다고 제안한다.

매티는 희귀 질환 때문에 어려서부터 휠체어와 인공호흡기를 달고 살아야 했고 매주 한 차례씩 신장 투석을 받아야 했다. 열 살이 되던 해 여름에 매티는 주치의로부터 더 이상 가망이 없다는 최후통첩을 받았다. 이때 그는 의사로부터 마지막으로 원하는 것이 무엇인지 질문을 받자 세 가지 소원을 말했다.

첫째 자신의 이름으로 시집을 발간해서 자신의 생각과 느낌을 세상 사람들과 나누는 것, 둘째 자신의 영웅인 카터(Jimmy Carter) 전(前) 대통령을 만나는 것, 셋째 '오프라 윈프리 쇼'에 자신의 시집이 소개되어 더 많은 사람들에게 읽히는 것. 그는 단순히 세 가지 소원을 마음속에 품고만 살았던 것이 아니라, '희망감'에 기초해 그러한 소원들이 실현될 수 있도록 지속적으로 노력하였다. 바로 이러한 점이 긍정적 환상과 진정한 낙관성의 차이에 해당된다.

낙관성은 세상에 대해 현실적인 형태로 긍정적인 조망을 하는 것을 의미한다. 여기서 중요한 점은 낙관은 언제나 선순환(virtuous circle)적인 구조를 갖는다는 점이다. 선순환이란 긍정적인 현상이 계속 되풀이되면서 상황이 이전보다 점진적으로 더 개선되는 현상을 말한다. 예를 들면, 좌절에 굴하지 않고 포기하지 않았기 때문에 성공을 할 수 있었고, 이렇게 해서 성공한 경험이 있기 때문에 미래의 좌절 상황에 대해 견디는 힘이 더 커지는 것이다.

매티는 죽음의 그림자가 짙게 드리워진 고통스러운 상황에서도 죽는 순간까지 행복기제인 '낙관'을 통해 희망의 끈을 놓지 않았다.

그는 항상 산소 공급 장치를 매단 채 생활하면서도 동심으로 가득 찬 2,000편이 넘는 시를 썼다. 처음에 그가 시를 쓰게 된 동기는 형제들의 죽음에 대처하기 위한 것이었다. 그가 병원 중환자실에서 병마와 싸우고 있을 때 그의 어머니는 그를 격려할 목적으로 그의 시 일부를 골라 출판사에 의뢰해 200부를 인쇄하였다.

그의 시집 『마음의 노래 여행 *Journey Through Heartsongs*』은 사람들의 입 소문을 타면서 널리 알려지기 시작했고 나중에는 CNN과 『워싱턴 포스트 *Washington Post*』 등에도 소개되었다. 그 후 그 시집은 아마존 등의 주요 인터넷 서점의 베스트셀러 목록에도 올라 50만 부 이상이 판매되었다.

결국 매티는 열네 번째 생일을 며칠 앞두고 세상을 떠났다. 하지만 낙관성의 거장(巨匠)답게 10대 중반에도 채 도달하지 못했던 어린 나이였음에도 불구하고, 매티는 보통 사람들은 평생 걸려도 달성하기 힘든 세 가지 소원을 모두 달성할 수 있었다. 미국의 39대 대통령이자 2002년에 노벨 평화상을 수상하기도 했던 카터는 매티의 장례식에 참석해서 다음과 같은 송사(送辭)를 남겼다.

> "제가 오래전에 주지사 선거에 출마했을 때, 선거자금이 넉넉하지 않았던 저와 제 아내는, 선거 후에 추산한 바에 따르면, 주 전체 지역을 순회하면서 약 6만 명의 유권자들을 만나 악수를 했습니다. 여러분이 기억하시는 것처럼 그 후 대통령 선거에 출마했을 때는 미국 전역을 돌면서 선거운동을 했습니다. 또 대통령 재임 기간 중에 저는 전 세계를 순방했습니다. 게다가 백악관을 떠난 이후에도 저와 제 아내는 120개국이 넘는 국가들을 방문했습니다. 그 과정에서 우리는 수많은

왕과 여왕들 그리고 대통령과 수상들을 알게 되었습니다. 하지만 단언컨대 제 인생에서 제가 만난 가장 특별하고 비범한 사람은 바로 매티 스테파닉이었습니다."[22]

매티라는 인물에 대해 이렇게 극찬을 했던 것은 비단 카터 전 대통령만은 아니었다. 토크쇼 진행자인 윈프리는 매티가 "최상의 인간 본성을 갖춘 존재"이며 "인간에 관해 상상할 수 있는 모든 것"을 갖춘 사람이라고 평가했다.[23]

그렇다면 카터 전 대통령과 토크쇼 진행자인 윈프리는 왜 자신의 인생에서 만난 수많은 정치, 경제, 문화 및 예술계 지도자들보다도 매티가 더 특별하고 비범하다고 평가했을까? 그 비결은 간단하다. 바로 매티의 비범한 낙관성에 기초한 인간적인 매력 때문이었던 것이다. 매티의 어머니 제니(Jeni Stepanek)에 따르면, 매티는 단 한 번도 자기 자신의 질병 때문에 눈물을 흘린 적이 없었다고 한다. 한때 그는 생명이 위독해져 급히 중환자실로 옮겨졌던 적이 있었는데 이때조차도 그는 자기 자신이 아니라 이라크 전쟁 때문에 희생된 수많은 사람들을 위해 눈물을 흘렸다고 한다. 바로 이러한 점 때문에 어머니 제니조차 자신의 아들이 자신의 삶에서 만난 최고의 영웅이었다고 평하였다.

낙관성이 질병에 대해 연금술적인 효과를 낼 수 있는 주요한 비결은, 설사 자신의 질병이 치유되지 않더라도 질병의 고통만큼은 극복될 수 있다는 믿음과 병약한 자기 모습조차도 긍정적인 시선으로 바라보는 것이다. 낙관성의 이러한 특징은 우리가 아플 때조차도 아파하지 않을 수 있도록 우리를 보호해 줄 수 있다.[24] 매티의 삶의 연금술, 즉 그가 치명적인 불치병에 걸린 상태에서도 자신의 삶의 모습을 낙관적으로 수용하는 모습은 그의 시(詩)에서도 잘 드러난다. 그는 천국에 가게 되면, 내가 지상에서 생활할 때와 똑같은 모습으로 그리고 똑같은 소망을 품고서 살고 싶다.[25]라고 노래하였다. 이처럼 매티는 낙관성을 통해 병약하게 태어난 자신의 운명까지도 애정 어린 시선으로 바라볼 수 있었다.

자신의 문제를 낙관적으로 바라본다는 것과 자신의 약점을 숨기는 것은 구분할 필요가 있다. 낙관성은 약점을 감춘다고 해서 생겨나는 것이 아니다. 오히려 낙관의 진정한 가치는 자신에게 약점이 있다는 사실을 기품 있게 허락할 때 드러나게 된다. 이런 점에서 모리 교수의 일화는 우리가 낙관의 행복기제를 지혜롭게 사용하기만 한다면, 신체적 질병의 고통 속에서도 '승화된 긍정성으로서의 즐거움'을 경험하는 것이 가능하다는 점을 상징적으로 잘 보여 준다. 모리 교수는 불치병 때문에 고통받는 상황에서도 어떻게 그토록 낙관적인 태도를 유지할 수 있는지에 관한 질문을 받자, 자신의 약점을 기품 있게 허락하는 자기긍정, 즉 낙관의 노하우에 대해 다음과 같이 설명하였다.

> "아기로 되돌아간 것 같아. 누군가가 목욕을 시켜 주고, 들어서 안아 주고 엉덩이를 닦아 주고. 우리 모두 아기가 되는 것이 어떤 것인지를 잘 알잖아. 모두 자기 안에 그런 마음을 가지고 있지.
>
> 난 그걸 즐기는 방법을 기억해 내고 있는 중이야. 어머니는 우리를 안아 주고 흔들어 주고 머리를 쓰다듬어 주고. 사실 어머니가 아무리 많이 해 줬어도 부족하지. 우리에겐 어떤 식으로든 그 시절로 돌아가

길 바라는 마음이 있네."[26]

4. 죽음의 고통과 영성

인간이 가장 두려워하는 것 중 하나는 바로 죽음이다. 하지만 심리학적인 관점에서 본다면, 인간이 죽음의 공포를 극복하는 것이 불가능한 것은 아니다. 일례로 마크 트웨인(Mark Twain)은 이러한 문제에 대해 "나는 죽음이 두렵지 않다. 나는 태어나기 전 영겁에 걸친 세월을 죽은 채로 있었고 그 사실은 내게 일말의 고통을 준 적이 없다."[27]라고 유머러스하게 말하기도 했다.

모리 교수는 제자에게 "죽게 되리라는 사실은 누구나 알지만, 자기가 죽는다고는 아무도 믿지 않지. 만약 그렇게 믿는다면, 우리는 다른 사람이 될 텐데."[28]라고 아쉬워하며 말했다. 그 후 그는 "어떻게 죽어야 할지 배우게 되면 어떻게 살아야 할지도 배울 수 있다네."[29]라고 조언하였고 살아가면서 죽음과 화해하는 일의 중요성을 역설하였다.

죽음의 고통에 대처하는 효과적인 방법 중 하나는 삶을 심리학적으로 완성하는 것이다. 삶에 대한 심리학적인 완성(psychological consummation)은 삶 속의 개별 사건들을 의미 있게 재구성함으로써 궁극적으로 개인이 자신의 삶에 대해 가치부여를 할 수 있도록 돕는 것을 말한다. 이러한 심리학적인 연금술은 우리의 삶을 단순한 삶 이상의 것이 되도록 해 준다. 다시 말해, 심리학적인 완성은 우리의 삶을 예술적인 수준으로 고양시켜 주는 것을 의미한다. 이란의 시인 루미(Rumi)는 삶을 심리학적으로 완성하는 과제의 중요성을 다음과 같이 설명하였다.

> "이 세상에 결코 잊어서는 안 되는 것이 하나 있다고 스승이 말했다. 만약 당신이 다른 모든 것을 잊더라도 이것만 잊지 않으면 걱정할 필요가 없다. 반대로 다른 모든 것을 기억해 행하고 주의를 기울이더라도 이 하나를 잊으면 당신은 사실상 아무것도 한 게 없다. 그것은 마치 왕이 아주 특별하고 특수한 임무를 당신에게 맡겨 다른 나라에 파견한 것과 마찬가지다. 당신이 그 나라에 가서 수백 가지 다른 일을 처리했더라도 왕이 내린 그 임무를 수행하지 못했다면, 당신은 사실 아무 일도 하지 않은 것이나 다름없다. 사람은 어떤 특별한 임무를 수행하기 위해 이 세상에 태어났다. 그것이 바로 그가 살아가는 목적이기도 하다. 만약 그가 그 임무를 이루지 못하면 그는 아무것도 하지 않은 것이다."[30]

삶을 심리학적으로 완성해 나가는 과정에서 죽음으로 인한 '허무감(虛無感)' 또는 '무상감(無常感)'을 극복하기 위해서는 '영성'의 행복기제를 통해 '경외감'을 체험하는 것이 필요하다. 경외감은 인류가 초창기부터 경험했던 감정으로서 두려움, 놀라움 그리고 신비감에 기초해 기쁨을 동반하는 형태로 특정 대상을 우러러 볼 때 체험하게 되는 감정을 말한다. 심리학자 제임스(William James)에 따르면, 경외감은 인간이 "여명과 무지개의 약속, 천둥의 목소리, 여름비의 온화함 그리고 별들의 장엄함"[31]에 직면했을 때 경험하게 되는 감정이다. 그리고 영성은 유한한 존재로서의 인간을 무한성을 지닌 초월적 존재와 관계 맺도록 해 주는 지혜로운 믿음을 말한다.

심리학적인 관점에서 본다면, 영성과 종교는 다르다.[32] 영성과 종교 모두 신성한 대상과의 관계를 전제할지라도, 종교와는 달리 영성에서는 그 대상이 꼭 신에 국한되는 것은 아니다. 영성에서는 자연 세계의 무한성과 같이 경외감을 불러일으키는 대상이 모두 초월적 존재로 받아들여질 수 있다. 그렇다고 해서 영성이 선사시대의 토템(totem)을 뜻한다는 의미는 아니다. 토템과는 달리 영성은 지혜로운 믿음을 전제로 하는 개념이다.

21세기의 시대적 상황을 고려해 볼 때, 영성과 미성숙한 종교적 신념 간 차이를 이해하는 것은 특히 중요하다. 미성숙한 종교적 신념에서는 비판을 허용하지 않는 폐쇄적인 도그마(dogma: 독단)에 기초해 수치, 의무, 적개심 그리고 공포 등의 부정적인 가치를 강조한다. 반면에 영성에서는 열린 해석이 가능한 메타포(metaphor: 은유)에 기초해 감사, 용서, 사랑 그리고 공생(共生) 등의 긍정적인 가치에 주안점을 둔다.

21세기의 시대정신 중 하나는 영성의 가치를 강조하는 것이다. 지난 20세기 내내 인간을 사지로 내몰았던 종교전쟁을 종식시키는 길은 공생의 가치를 강조하는 길밖에 없다. 그리고 이러한 공생의 가치를 강조하는 것이 영성의 근간을 이룬다. 종교전쟁을 특정 종교에서의 교리만으로 끝낼 수 있다고 주장하는 것은 미성숙한 종교적 신념의 전형적인 사례에 속한다. 종교전쟁은 구체적으로 어떤 용어를 사용하든지 간에 오직 공생의 가치를 강조하는 믿음에 의해서만 종식될 수 있다.

간디(Mohandas Karamchand Gandhi)는 종교와 영성의 차이를 상

징적으로 보여 주는 재미있는 일화를 남겼다. 그는 영국인 친구에게 다음과 같이 말했다. "나는 당신이 믿는 종교의 교리에 동의하지는 않지만 당신들이 믿는 그리스도는 좋아한다네."[33] 다시 말해서, 간디는 언어와 문화에 따라 해석이 달라질 수 있는 종교적인 교리를 좋아하는 것은 아니지만, 그 어떤 언어로도 동일한 의미를 담고 있는 그리스도의 행동만큼은 좋아했다는 것이다. 이런 점에서 성숙한 종교적 신념과 미성숙한 종교적 신념의 결정적인 차이 중 하나는 영성의 깊이라고 할 수 있다. 슈바이처(Albert Schweitzer) 박사는 영성에 대해 다음과 같이 말했다.

> "인간은 혼자서는 살 수 없는 존재다. 우리는 모든 생명이 가치 있는 것이라는 점을 안다. 그리고 우리는 이러한 생명과 통합적인 관계를 맺고 있다. 우리가 우주와 영적인 관계를 맺는 것은 바로 이러한 사실을 인지하는 것으로부터 출발한다."[34]

이처럼 영성은 유한한 세계와 무한한 세계의 결합 및 그들의 상생(相生)적 가치를 기반으로 삼고 있기 때문에 그러한 영성을 깊게 하는 것은 죽음의 문제를 다루는 효과적인 수단이 될 수 있다. 예를 들면, 철학자 러셀(Bertrand Russell)은 지속되지 않지만, 무한한 가치를 지닐 수 있는 인간의 삶에 대해 다음과 같이 소개하였다.

> "나는 죽어서 썩으면 내 자아 중에 살아남는 것은 없으리라고 믿는다. 나는 젊지 않으며 삶을 사랑한다. 하지만 나는 사멸한다는 생각에 겁에 질려 벌벌 떠는 짓을 경멸한다. 행복은 언젠가 끝난다고 할지라

도 그래도 진짜 행복이며, 사유와 사랑도 한없이 지속되지 않는다고 해서 가치가 없어지는 것은 아니다. 많은 사람들은 단두대에 설 때 스스로를 자랑스럽게 여긴다. 우리는 바로 그 자긍심을 바탕으로 세계에서 인간이 어떤 위치에 있는지를 올바로 고찰해야 한다. 처음에는 대대로 내려온 인간화한 신화들이라는 안락한 실내 공기에 적응되어 있던 우리를 덜덜 떨게 할지라도, 결국에는 신선한 공기가 우리에게 활력을 불어넣고 드넓은 세상이 우리 앞에 장엄함을 드러낼 것이다."[35]

영성이 죽음의 두려움을 다루는 데 도움이 되는 또 다른 예로는 영국의 작가인 애덤스(Douglas N. Adams)의 얘기를 들 수 있다. 그는 무한성을 지닌 우주와 영적인 관계를 맺고 있음을 깨닫게 될 때의 기쁨을 다음과 같이 표현하였다.

"세계는 한없는 경외심을 불러일으키는 대단히 무절제한 복잡성과 풍성함과 기묘함을 간직하고 있습니다. 나는 그런 복잡성이 그런 단순성에서 비롯되었을 뿐 아니라, 전적으로 무에서 나왔을 수 있다는 생각이 전혀 믿기지 않을 만큼 탁월한 개념이라고 봅니다. 그리고 그런 일이 어떻게 일어났는지를 어렴풋이 깨닫고 나면, 경이롭기 그지없습니다. 그리고 자기 인생의 70년이나 80년을 그런 우주에서 보낼 기회가 있다면 내 생각에 시간을 잘 보내는 겁니다."[36]

아무래도 죽음의 문제를 다룰 때는 사변적인 형태의 주장보다는 실제로 생의 마지막 순간을 눈앞에 둔 시점에서 사람들이 보이는 태도를 살펴보는 것이 더 가슴에 와 닿을 것이다. 이런 점에서 하버드 대학의 교수였던 진서(Hans Zinsser)는 영성을 통해 죽음의 문제를 다룬다는 것이 무엇을 뜻하는지를 잘 보여 준다. 그는 백혈병으로 죽어 가고 있는 상황에서조차 운명을 원망하지 않고 겸허한 마음으로 자신에게 주어진 삶에 감사하면서 기품 있게 그리고 여유감 속에서 죽음을 맞이하였다.

> 죽음은 먹이를 노리는 맹수처럼
> 그렇게 부지불식간에 나를 덮치지 않았다.
> 친절하게도 죽음의 순간에 대비할 수 있도록 경고해 주었다.
> 세상을 떠나가기 전에 남은 이들을 눈물로 위로할 수 있도록……
> 감미로운 여름이 지나고 가을 햇살이 드리우면,
> 하늘에서와 같이 우리의 마음속에도 따뜻한 기운이 여운처럼 감돌고
> 사랑의 씨앗이 풍요로운 결실을 맺는다.
> 때마침 겨울이 찾아왔을 때 나는 세상을 떠난다!
> 그러면 당신의 가슴 속에서 영원히 평온과 자부심을 간직한 휴식을 취할 수 있을지니,
> 당신이 나를 가장 사랑해 주었던 바로 그때처럼.[37]

미주

1) 칼 세이건(2001). 악령이 출몰하는 세상: 과학, 어둠 속의 작은 촛불(이상헌 역). 서울: 김영사. p. 336.

2) Hesiod. the Works and Days.

3) 중앙일보(1999). 귀여운 우리아기 1: NWK 특별호.

4) 존 볼비(2009). 애착: 인간애착행동에 대한 과학적 탐구(김창대 역). 파주: 나남. p. 418.

5) 로렌 슬레이터(2005). 스키너의 심리상자 열기(조증열 역). 서울: 에코의 서재. pp. 126-135.

6) Hoffer, W. (1950). Development of the body ego. *Psychoanalytic Study of the Child, 5*, 8-23.

7) 존 볼비(2009). 애착. p. 430.

8) 브라이언 카바노프(1997). 씨 뿌리는 사람의 씨앗(류시화 역). 서울: 열린원. p. 192.

9) 다우어 드라이스마(2010). 향수를 불러일으키는 공장: 기억, 시간, 그리고 나이(권세훈 역). 서울: 에코의 서재. p. 24.

10) Langer, E. J. (2009). *Counterclockwise: Mindful health and the power of possibility*. New York: Ballantine Books.

11) Vaillant, G. E. (2002). *Aging well*. p. 160.

12) Vaillant, G. E. (2002). *Aging well*. p. 15.

13) 중용(中庸). 1장.

14) Vaillant, G. E. (2002). *Aging well*. p. 278.

15) Beauvoir, S. D. (1972). *The coming of age*. New York: Putnam. p. 206.

16) 미치 엘봄(1998). 모리와 함께 한 화요일(공경희 역). 서울: 세종서적. pp.

158-159.

17) Rasmussen, H. N., Scheier, M. F., & Greenhouse, J. B. (2009). Optimism and physical health: A meta-analytic review. *Annals of Behavioral Medicine, 37*, 239-256.

18) Seligman, M. E. P. (2011). *Flourish*. pp. 182-220.

19) Keyes, C. L. M. (2007). Promoting and protecting mental health as flourishing: A complementary strategy for improving national mental health. *American Psychologist, 62*, 95-108.

20) Brannon, L., & Feist, J. (2000). *Health psychology: An introduction to behavior and health*. Singapore: Wadsworth Group.

21) The Oprah Winfrey show: 20th anniversary DVD Collection. 2005.

22) Former U. S. President Jimmy Carter's eulogy at Mattie Stepanek' s funeral service (June 28, 2004).

23) The Oprah Winfrey show: 20th anniversary DVD Collection. 2005.

24) Vaillant, G. E. (2002). *Aging well*. p. 13.

25) Former U. S. President Jimmy Carter's eulogy at Mattie Stepanek' s funeral service (June 28, 2004).

26) 미치 엘봄(1998). 모리와 함께 한 화요일. pp. 152-153.

27) 리차드 도킨스(2007). 만들어진 신. 서울: 김영사. p. 542.

28) 미치 엘봄(1998). 모리와 함께 한 화요일. p. 110.

29) 미치 엘봄(1998). 모리와 함께 한 화요일. p. 111.

30) 소걀 린포체(1999). 삶과 죽음을 바라보는 티베트의 지혜(오진탁 역). 서울: 민음사. p. 218.

31) Vaillant, G. E. (2008). *Spiritual evolution*. p. 23.

32) Vaillant, G. E. (2002). *Aging well*. p. 261.

33) Vaillant, G. E. (2008). *Spiritual evolution*. p. 66.

34) Vaillant, G. E. (2008). *Spiritual evolution*. p. 12.

35) 리차드 도킨스(2007). 만들어진 신. 서울: 김영사. p. 543.

36) 리차드 도킨스(2005). 악마의 사도. 서울: 바다출판사. p. 315.

37) Zinsser, H. (1940). *As I remember him*. Boston: Little Brown.

08

박탈, 원한, 낙담, 권태 그리고 행복기제

08

박탈, 원한, 낙담, 권태 그리고 행복기제

강물은 아래로 흐르면서 자신의 물살과 체온을 연어들에게 가르친단다. 그리고 길을 가르쳐 주지. 연어들이 반드시 강을 거슬러 올라가야 한다는 것을 또한 거슬러 올라야 하는 이유를 말이야. 아닌 게 아니라 강은 자신의 몸 선제로 연어들의 길을 가르쳐 주고 있었던 것이다.

-안도현-[1]

1. 이별의 고통과 심리적인 동화

사랑은 무한의 특성을 갖는다. 줄리엣(Juliet)이 로미오(Romeo)에게 말했던 것처럼, 사랑은 "줄수록 더 많이 갖게 되는 것"[2]이기 때문이다. 인간의 성공적인 발달 과정은 소중한 사람들이 선사하는 사랑을 흡수하고 서로의 사랑을 공유하며 바로 그러한 사랑을 이타적인 형태로 전해 주는 과정을 필요로 한다.[3]

불행하게도 사랑은 아픔을 낳는다. 사랑이 없다면 이별의 슬픔은 존재하지 않을 것이다. 인간의 삶은 유한한 것이기 때문에 우리는 누구든지 언젠가는 사랑하는 사람을 떠나보내야 하거나 사랑하는 사람을 떠나야 할 수밖에 없다. 그러므로 사랑은 필연적으로 슬픔을 낳는다. 그렇다면 이별의 아픔은 어떻게 감싸 안아야 하는 것일까?

결핍감과 박탈감은 서로 다르다. 사랑의 결핍은 생애 초기부터 사랑을 받지도 또 주지도 못한 것을 말한다. 반면에 사랑에 대한 '박탈감'은 사랑했던 사람을 잃는 것을 말한다. 톨스토이(Tolstoy)[4]에 따르면, 누군가를 열렬히 사랑했던 사람만이 그 사랑을 잃었을 때 크게 슬퍼할 수 있지만, 그러한 박탈감을 치유할 수 있는 것 역시 사랑이다.

이런 점에서 이별의 아픔을 해결하는 방법은 역설적이다. 이별의 아픔을 치료할 수 있는 가장 좋은 방법은 이별의 아픔의 근원이 되는 '애정'을 더 풍요롭게 하는 것이기 때문이다. 이별의 아픔을 효과적으로 치료하기 위해서는 '심리적인 동화(psychological assimilation)'의 수준을 높임으로써 보다 더 깊이 사랑할 수 있어야 한다. 심리적인 동화는 외부의 타인을 마음속으로 담아 내는 것을 말한다. 심리적인 동화는 사랑이 떠난 빈자리를 또 다른 형태의 사랑으로 채울 수 있도록 해 준다.

베일런트 교수는 하버드 성인발달 연구 결과를 정리하는 과정에서 정신건강과 관계된 대표적인 지표 중 하나로 심리적인 동화라는 개념을 제안하였다.[5] 베일런트에 따르면, 마치 신체적 건강에서 음

식물을 소화시킨 후에 영양분으로 전환하는 생물학적인 신진대사 과정이 중요한 것처럼, 정신건강에서는 대인관계를 포함하는 외부 세계와의 교류 경험을 심리적으로 소화시켜 나가는 심리적인 대사(psychological metabolism) 과정이 중요하다. 그는 이러한 심리적인 대사 과정을 사회적인 교류 경험이 개인의 심리적인 세계 속에서 연소(혹은 대사)되어 가는 수준에 따라 '6i'로 분류하였다. 6i에는 합체(incorporation), 내사(introjection), 모방(imitation), 내재화(internalization), 이상화(idealization), 동일시(identification)가 포함된다.

동화 기제는 정신건강에 관한 일반적인 정의가 담고 있는 정체성의 확립, 감정의 정확한 인식, 미래지향적 태도, 자아의 통합성, 스트레스에 대한 저항력, 자율성, 환경에 대한 통제력 등을 효과적으로 예측해 주는 지표가 될 수 있다. 예를 들면, 낮은 수준의 동화를 사용하는 사람들에 비해 높은 수준의 동화 기제를 사용하는 사람들이 정신적으로 건강한 사람들의 특징을 더 많이 보이기 때문이다.

1) 합 체

합체는 외부 세계와의 교류 경험을 심리적으로 소화해 내기 위한 최소한의 대사 작용조차 일어나지 않는 상태에 해당된다. 이때 합체라는 표현은 『어린 왕자 *The Little Prince*』[6)]에서 보아 뱀이 코끼리를 통째로 삼켰던 것처럼, 외부 세계와의 교류 경험이 전혀 소화되지 않은 채로 남아 있는 상태를 지칭하기 위해 사용한 것이다. 만일 합체의 수준에서 동화되어 있는 누군가를 떠나보내게 되면, 그 사람은 밀려드는 공허감을 견디지 못하고서 극심한 우울증에 시달리거나 심할 경우 스스로 목숨을 끊고자 시도하게 될 수 있다.

2) 내 사

내사에서는 외부 세계와의 교류 경험의 일부에 대해서 소화가 이루어지지만 여전히 그 정도는 미미하기 때문에 몸속에 이물질이 들어와 있는 것과 유사한 상태가 된다. 이런 점에서 내사의 수준에서 동화되어 있는 누군가와의 관계에서 문제가 생길 경우에는 그 사람은 마치 소화시킬 수 없는 가시가 자신의 몸속에 박혀 있는 듯한 느낌을 받을 수 있다.

3) 모 방

모방은 마치 배우가 배역 속의 인물을 연기할 때처럼, 자신이 아닌 다른 사람처럼 행동하는 것을 말한다. 어린아이가 소꿉놀이를 하면서 부모의 행동을 따라 하거나 행동방식 및 취향이 좋아하는 사람과 은연중에 닮아 가는 것 등이 여기에 해당된다. 마치 배우가 연기할 때 자신의 성격을 포기해야 하듯이, 모방을 하는 사람은 자신이 흉내 내고 있는 외부의 대상이 마치 자기 몸속으로 들어와 움직이고 있는 것 같은 인상을 받을 수 있다. 모방의 수준에서 동화되어 있는 누군가와 갈등이 생기게 되면, 그 사람은 정체성의 혼란을 경험할 수 있다.

4) 내재화

내재화는 외부 세계와의 교류 경험이 사고의 차원에서는 어느 정도 소화가 되었지만, 감정의 차원에서는 여전히 불완전하게 연소(혹은 대사)된 상태로 머물러 있는 것을 의미한다. 내재화를 경험하는 사람들은 외견상 마음속에 품고 있는 대상과의 문제들을 깨끗이 정리한 것처럼 행동하지만, 스트레스 상황에 직면하게 되면 그렇지 않다는 점이 분명하게 드러나게 된다.

5) 이상화

이상화는 외부 세계와의 교류 과정에서 외부의 대상이 우상화되거나 신격화되는 형태로 수용되는 것을 뜻한다. 이상화에서는 자신이 숭배하는 대상이 그 어떠한 인간적인 약점조차 지니고 있지 않은 것처럼 행동하기 때문에 경직된 인상을 줄 뿐만 아니라 숭배하는 사람과 숭배 받는 사람 모두를 불행에 빠뜨릴 수 있다.

6) 동일시

동일시는 외부의 대상을 심리적인 세계 속에 받아들임으로써 새로운 성격 구조를 탄생시키는 터전으로 삼는 것을 말한다. 제자의 바이올린 연주 속에 스승의 가르침이 배어 있는 것처럼, 동일시는 개인과 외부의 대상이 마치 하나로 통합되어 있는 것 같은 인상을 줄 수 있다. 동일시를 사용하는 사람은 외부의 대상이 가지고 있는 심리적인 자원을 일종의 심리학적인 전이(예를 들면, 학습의 전이) 과정을 통해 마치 자신의 것처럼 사용할 수 있게 된다. 이러한 변화 과정을 통해 동일시는 개인의 적응력과 자존감 모두를 높여 줄 수 있다.

7) 심리적인 동화의 사례들

〈포레스트 검프 *Forrest Gump*〉[7]라는 영화는 심리적인 동화 과정이 의미하는 바를 상징적으로 잘 보여 준다. 경계선 수준의 지능을 갖고 있는 검프는 어릴 적부터 제니(Jenny)를 사랑했고 제니 역시 검프를 사랑했다. 그 둘 사이에는 아들이 있었음에도 불구하고 그들은 기구한 운명 때문에 오랫동안 헤어져 살아야 했다. 불치병에 걸려 임종을 눈앞에 둔 시점이 되어서야 제니는 아들을 맡기기 위해 검프를 찾아간다. 그 둘은 정식으로 결혼을 하였고 검프는 제니를 극진히 간호하였다.

[그림 8-1]은 제니가 죽음을 목전에 둔 시점에서 검프와 이야기

[그림 8-1] 〈포레스트 검프〉의 마지막 대화 장면

를 나누는 장면이다. 그 장면에서 제니는 아침 식사를 들고 온 검프에게 "나랑 떨어져 지낼 때 어떻게 지냈어?"라고 물어보았다. 그러자 검프는 베트남 전쟁 때 폭풍우 속에서 포탄이 비 오듯 쏟아지고 난 다음에 맑게 갠 밤하늘을 별이 수놓던 모습과 미 대륙 횡단 마라톤을 하면서 스쳐 지나갔던 아름다운 산과 강 그리고 호수 이야기를 들려주었다.

그 순간 제니는 "그때 나도 같이 있었으면 정말 좋았을 텐데."라고 아쉬워하였다. 이때 검프는 할리우드(Hollywood) 영화사에 길이 빛날 명대사를 남긴다. "너도 있었어(You were)." 검프는 제니를 마음속에 품고 전쟁을 치르기도 하고 또 마라톤도 했던 것이다. 이것이 바로 심리적인 동화에 해당된다.

모리 교수는 심리적인 동화를 통해 사랑을 잃는 아픔, 즉 박탈감을 어떻게 치유할 수 있는지를 보여 주었다. 그는 제자에게 다음과 같이 말했다.

> "우리가 서로 사랑하고, 우리가 가졌던 사랑의 감정을 기억할 수 있는 한, 우리는 진짜 우리를 기억하는 사람들의 마음속에 잊혀지지 않고 죽을 수 있네. 자네가 가꾼 모든 사랑이 거기 그 안에 그대로 있고, 모든 기억이 여전히 거기 고스란히 남아 있네. 자네는 계속 살아 있을 수 있어. 자네가 여기 있는 동안 만지고 보듬었던 모든 사람들의 마음속에...... 죽음은 생명이 끝나는 것이지, 관계가 끝나는 것은 아니네."[8]

2. 원한의 고통과 공감

살아가면서 누군가를 증오하게 되는 것은 인지상정(人之常情)에 속하는 일일 수 있다. 비록 “원한은 자기 입으로 독을 삼키고서 적이 죽기를 기다리는 것과 같다.”[9]라는 말을 이미 알고 있더라도, 실제로 ‘원한’을 남기지 않고 ‘공감’을 통해 ‘용서’의 감정을 경험하는 것은 결코 쉬운 일이 아니다.

용서에는 반드시 공감이 선행되어야 한다. 심리학에서 공감은 다른 사람들의 마음을 이해하는 과정을 말한다. 그렇다면 어떻게 하면 공감능력을 증진시킬 수 있을까? 혹시 공감능력을 위해서는 천부적인 재능이 필요한 것이 아닐까? 버튼(Sir Richard Francis Burton)의 사례는 이러한 물음과 관련해서 중요한 시사점을 제공해 준다.[10]

인류사회에서 타인의 마음을 꿰뚫어 보는 능력이 가장 탁월한 사람 중 하나로 버튼이라는 19세기 지식인이 있었다. 그는 군인이자 인류학자였으며 시인이자 번역가인 동시에 최고의 언어학자 중 하나였다. 또 그는 의학자인 동시에 지질학자였으며 유명한 검술사이며 탁월한 커뮤니케이션 전문가이기도 하였다. 19세기에 버튼이 보여 준 행적은 가히 전설적이라 부를 만한 것이었다. 그는 수십 개국을 여행하면서 그때마다 사람들이 어떻게 생각하고 이해하는가를 연구하기 위해 남다른 노력을 기울였다. 그 첫 단계로 그는 그 나라의 언어를 배우는 데 전념하였는데 마치 그 모습이 알코올에 중독된 사람 같은 인상을 주었다고 한다. 그 결과, 그는 29개 언어와 40개 이상의 방언을 할 수 있는 경이적인 언어적 능력을 갖게 되었다.

그의 부인에 따르면, 그는 타인의 마음을 읽는 데 천재적인 재능을 갖고 있어서 언제 어디서나 그가 자신의 마음을 정확하게 읽어낼 수 있었다고 보고하기도 하였다. 하지만 그는 타인의 마음을 너무나도 궁금해했던 나머지 최면술에 빠져들기도 하였다. 그는 허락 없이 최면을 통해 타인의 속마음을 엿보다가 들켜서 때로는 물의를 일으키기도 하였다. 따라서 그는 뛰어난 최면술사인 동시에 독심술가이기는 했지만, 사람들의 마음을 움직이는 데는 그다지 성공적이지 못했던 것으로 보인다. 이러한 일화는 선천적인 언어적 재능과 공감능력이 별개의 것임을 보여 준다.

마음 읽기의 능력이라는 측면에서 본다면, 버튼은 상위 0.0001% 미만에 속하는 천재 중의 천재라고 할 수 있다. 만약 행복기제의 하나인 공감을 위해서 버튼처럼 마음 읽기의 달인이 되어야만 한다면, 평범한 사람들은 그러한 행복기제를 결코 활용하지 못할 것이다. 하지만 대단히 다행스럽게도 대부분의 사람들도 공감을 활용하는 데 전혀 문제가 없다. 왜냐하면 공감이 비록 다른 사람의 개인적인 지각세계 안으로 들어가 그 사람의 경험을 함께 나누는 것을 뜻할지라도, 이러한 공유경험은 어디까지나 사람이라면 누구나 공통적으로 느낄 수 있는 인지상정의 영역에 적용될 수 있는 일이기 때문이다.

임상심리학자인 콘필드(Jack Kornfield)가 들려주는 다음의 실제 사례는 공감을 통한 용서의 기쁨이 어떤 것인지를 잘 보여 준다.[11] 미국의 한 마을에서 14살 된 소년이 갱단에 가입하기 위한 신고식의 일환으로 아무런 죄도 없는 학생을 총으로 살해하였다. 체포된 후 소년임을 감안해 사형 대신 3년의 징역형이 선고되었을 때, 재판장에서 피해자의 어머니는 증오에 찬 목소리로 "꼭 너를 죽이고 말겠어."라고 울부짖었다.

6개월 후 피해자의 어머니는 아무도 찾아오지 않는 채로 방치된 상태에서 소년원에 구금되어 있던 가해자를 찾아갔다. 그 소년은 소년원에 수감되기 전에 길거리에서 숙식을 해결했고 아무런 연고도 없었기 때문에 피해자의 어머니가 최초의 면회객이었다. 이때부터 피해자의 어머니는 면회를 하고 돌아갈 때마다 그 소년에게 필요한 돈과 필수품들을 넣어 주었다.

형기가 끝나갈 무렵에 피해자의 어머니는 그 소년에게 소년원에서 나가면 어디로 갈 것인지를 질문하였다. 그 소년은 딱히 갈 곳이 없었기 때문에 우물쭈물하였고, 피해자의 어머니는 자신의 집에 마침 빈 방이 있으니 임시로 그 방을 쓰라고 제안하였다. 그 후 피해자의 어머니는 지인을 통해 그 소년에게 일자리를 주선해 주었다.

8개월이 지난 후에 피해자의 어머니는 그 소년을 거실로 부른 후 마주 앉았다. 그 후 자신이 지금까지 그 소년에게 해 주었던 일련의 일들에 대한 설명을 들려주었다. 그 어머니는 아무런 이유도 없이 누군가를 죽일 수 있는 그 소년이 이 세상에 남아 있는 것을 도저히 용납할 수 없었기 때문에 법정에서 그 소년을 반드시 없애야겠다고 결심했던 것이었다. 그리고 약 4년에 걸쳐 노력한 결과, 그 소년은 완전히 딴 사람으로 변했기 때문에 이제 그 악마 같았던 살인범은 세상에서 사라져 버렸다는 것이다. 그제서야 소년은 그 어머니가 법정에서 자신에게 소리쳤던 말의 의미를 이해할 수 있게 되었다. 그 후 그 어머니는 소년에게 다음과 같은 제안을 하였다. "내 아들은 떠났고 그 살인범도 사라졌으니 이제 네가 이 집에서 계속 살 의향만 있다면 나는 너를 양자로 삼고 싶구나."

피해자의 어머니가 자신의 아들을 죽인 소년을 용서할 수 있었던 것은 그 소년의 마음속에서 집 없이 길거리에서 배회하면서 겪었을 아픔과 다른 소년들과 마찬가지로 부모와 함께 살고 싶어 했던 간절한 소망을 읽고 또 공감할 수 있었기 때문이었다. 그리고 이러한 형태의 공감은 버튼과 같은 탁월한 마음 읽기 능력을 요구하지 않기 때문에 평범한 사람들도 얼마든지 보여 줄 수 있다. 이처럼 공감이 기반으로 삼고 있는 인지적인 능력 자체는 정상인이라면 누구나 간직하고 있는 평범한 것일지라도, 그러한 공감능력이 온전하게 발휘되었을 때 최종적으로 드러나게 되는 결과는 콘필드의 이야기만큼이나 기적적인 것일 수 있다.

3. 낙담과 투지

사람들은 일반적으로 새로운 시도를 하는 것을 두려워한다. 하지만 공중그네이론[12]을 생각해 보자. 공중그네를 안전하게 타는 방법은 왼손으로 두 번째 공중그네 손잡이를 꼭 쥐기 전까지는 첫 번째 공중그네를 잡은 오른손을 놓지 않는 것이다. 만약 이런 식으로 삶을 살다보면, 삶의 안정감을 유지할 수 있다. 하지만 이러한 방법은 삶에 안정감은 줄지 몰라도 인생의 기술로는 엉터리가 분명하다. 왜냐하면 그런 방식으로 공중그네를 타는 모습은 형편없을 것이기 때문이다. 공중그네 선수가 멋지게 날아오르려면, 무시무시한 높이에서도 반드시 손을 놓을 줄 알아야 한다.

하지만 이렇게 멋지게 날아오르는 선택을 한다고 해서 인생의 문제가 모두 다 해결되는 것은 아니다. 그러한 선택은 또 다른 문제를 낳는다. 바로 뼈아픈 실패의 경험을 하는 것이다. 인간은 신이 아니기 때문에 삶에서 실패와 좌절은 늘 있기 마련이다. 하지만 이러한 사실을 잘 알고 있을 때라도 막상 실패에 봉착하게 되면, '낙담'하지 않기는 쉽지 않다.

앞서 언급한 것처럼, 실패로 인해 낙담을 하는 것과 인생의 목표를 달성하고자 하는 '열정'은 양립 불가능하다. 심리학에서는 좌절 상황에서 낙담하지 않고 장기적인 목표를 향해 끈기 있게 또 정열적으로 분투적인 노력을 유지하는 내적인 힘을 '그릿'이라고 한다.[13] 행복기제의 하나인 그릿, 즉 투지는 학업성취도를 포함해서 재능이 요구되는 다양한 삶의 영역에서의 실제 성취와 밀접한 관계가 있다.[14]

투지는 인간 존재의 본질과도 같은 특성이다. 인류의 원시 조상, '털 없는 원숭이'[15]가 인간으로 진화하는 과정을 생각해 보라. 그 옛날 아프리카 지역의 유인원들에게 숲은 에덴 동산이나 마찬가지였다. 하지만 약 1,500만 년 전부터는 숲이 줄어들기 시작했다. 우리의 선조들은 이 무렵 대단히 실존적인 결단을 내려야 했다. 비좁은 숲속 요새를 지키든지 아니면 에덴 동산을 떠나 새로운 삶의 방식을 개척하는 것이다. 침팬지, 고릴라 그리고 오랑우탄 등은 숲에 남는 길을 선택했고 그때부터 그들의 개체는 지구상에서 줄어들기 시작했다. 반면에 털 없는 원숭이들은 숲속 나무 둥지를 떠나 이미 그 이전부터 지상의 삶에 적응되어 있던 다른 동물들과 경쟁하게 되었다.

새로운 세계에 나왔을 때 우리 조상에게 주어진 과제는 만만치 않은 것이었다. 성공적인 적응을 위해서는 사자의 선조 같은 기존의 육식동물처럼 살상 전문가가 되거나 아니면 기존의 초식동물보다 더 빨리 달릴 수 있어야 했다. 이미 지상에서의 삶에 잘 적응되어 있었던 그들과 경쟁하기에 인간의 선조는 신체 조건 면에서 너무나 불리했다. 만약 아무런 도구도 없이 인간의 신체 조건만으로 영양 같은 야생동물을 포획하려 시도한다고 생각해 보라. 어떤 방법이 있을 수 있을까? 영양은 초속 15m, 즉 시속으로는 54km 이상의 속도로 달릴 수 있다. 따라서 달리기 경주에서 인간은 결코 영양을 따라잡을 수 없을 것 같은 인상을 준다. 하지만 인간이 달리기 경주에서 영양을 이길 수 있는 비법이 하나 있다. 그것은 경주에서 이길 때까지 달리는 것이다.

영양은 단거리는 빨리 달릴 수 있어도 불과 몇 분 이내에 속도가 현저하게 떨어지게 된다. 반면에 인간은 마라톤 선수들이 보여 주는 것처럼 2시간 이상을 꾸준한 속도로 달리는 것이 가능하다. 초식동물들이 장거리에 약한 이유 중 하나는 체온이 상승하기 때문이다. 반면에 인간은 털 코트를 벗어 던지고 몸의 땀구멍 수를 늘림으로써 점점 더 장거리 경주에 능한 신체 구조를 갖추게 되었다.

사냥이 시작되자마자 초식동물들이 순식간에 시야에서 사라져 버렸을 때 우리의 선조들은 결코 낙담하지 않았다. 그 대신 우리의 선조는 눈앞에서 사라져 버렸던 사냥감이 다시 나타나 잡힐 때까지 끈기를 가지고 계속 달렸다. 이러한 점은 좌절에 굴하지 않고 끈기를 가지고 지구전에 대비하는 '투지'가 인간 존재의 본질을 규정하는 중요한 덕목 중 하나라는 것을 보여 준다.

마이클 조던(Michael Jeffrey Jordan)은 120년 농구의 역사에서 가

장 위대한 천재로 평가받는다. 그런 그가 다음과 같은 말을 남겼다.

"나는 농구 인생을 통틀어서 9,000개 이상의 슛을 실패했고 3,000번의 경기에서 패배했다. 그 가운데 26번은 다 이긴 게임에서 마지막 슛을 실패한 탓에 졌다. 나는 살면서 수없이 많은 실패를 거듭했다. 하지만 바로 그것이 내가 성공할 수 있었던 진짜 이유다."[16)]

4. 권태와 심안

삶에서 가장 잔인한 일 중 하나는 정말로 멋진 일도 처음에는 감격스럽지만 이내 곧 시들해진다는 점이다.[17)] 이러한 현상을 심리학에서는 습관화(habituation)라 부르고, 경제학에서는 한계효용체감(declining marginal utility)이라고 부른다. 이러한 인간의 조건이 야기하는 가장 심각한 문제 중 하나는 바로 권태다. 권태는 삶에 대한 흥미와 관심이 결핍될 때 나타나는 반응이다. 이러한 권태감은 삶에 대한 충만감과 양립할 수 없다. 충만감은 유기체가 기대하는 것이 부족함 없이 채워졌을 때 체험되는 감정이다. 이러한 충만감을 위해서는 '심안(心眼)'이 필요하다. 달인(達人)이 되기 위한 연마 과정에서 확인할 수 있는 것처럼 심안의 세계는 무궁무진하다.

이러한 달인의 세계는 다음의 일화가 상징적으로 잘 보여 준다. 현대 경영학의 창시자로 추앙받는 드러커(Peter Drucker) 교수는 92세 때까지도 대학에서 강의를 계속한 것으로 유명하다. 어느 날 그는 다음과 같은 질문을 받았다.[18)] "박사님이 쓰신 책들 가운데 최고의 책은 무엇입니까?" 그러자 그는 웃으며 "다음에 나올 책이지요."라고 대답했다.

달인의 세계는 누구든지 학습 없이 쉽게 인식하고 즐길 수 있는 세계는 아니다. 이 영역은 10,000시간의 법칙이 작용하는 세계다.[19] 이 시간은 하루 약 3시간씩 약 10년을 날마다 연습해야 채울 수 있는 양이다. 10,000시간의 법칙이 작용하는 영역은 충분한 학습 기간을 거칠 경우 정상인이라면 누구든지 즐길 수 있는 세계다. 하지만 그러한 역치에 도달하는 것이 결코 쉬운 일은 아니다. 다음의 일화는 이러한 점을 상징적으로 잘 보여 준다.

2007년 1월 12일 아침에 청바지에 긴팔 티셔츠를 입고 야구 모자를 눌러쓴 젊은이가 워싱턴 지하철역에서 바이올린을 꺼냈다. 그는 바이올린 케이스를 앞에 열어 놓고 지폐 몇 장과 동전 몇 개를 넣어둔 다음에 약 43분 동안 클래식 음악 여섯 곡을 연주하였다. 그 사이에 그 앞을 수천 명의 인파가 지나갔다. 그 청년은 조슈아 벨(Joshua Bell)이라는 세계적인 바이올리니스트였고, 그가 연주에 사용했던 악기는 안토니오 스트라디바리(Antonio Stradivari)가 1713년에 직접 제작한 350만 달러짜리 바이올린이었다. 이 실험은 『워싱턴 포스트』 기자 바인가르텐(Gene Weingarten)이 대중의 감상력을 평가하기 위한 것이었다.[20] 실험 결과, 조슈아 벨은 약 32달러를 벌은 것으로 나타났다.

헬렌 켈러(Hellen Keller)는 미국에서 최초로 인문계열의 학사 학위를 받은 시각과 청각에서의 중복 장애인이었다. 헬렌 켈러는 마음의 눈으로 사물을 바라보는 일의 중요성을 강조하는 에세이를 쓴 적이 있다. 그리고 그 글은 『리더스 다이제스트 *Reader's Digest*』에

의해 20세기 최고의 수필로 선정되었다. 바로 그 글에서 헬렌 켈러는 다음과 같이 적었다.[21]

> 최근에 아주 가까운 친구가 숲에서 한참 동안 산책을 한 후 나를 찾아왔습니다. 나는 그 친구에게 무엇을 보았는지 물어보았습니다. 그러자 그 친구는 "특별한 건 없었어."라고 대답했습니다. 만약 내가 그러한 반응에 익숙하지 않았더라면, 나는 그 친구의 반응을 도무지 이해할 수가 없었을 것입니다. 하지만 나는 이미 오래전부터 눈으로 본다고 해서 반드시 의미 있는 무언가를 본다는 것을 뜻하지는 않는다는 점을 잘 알고 있었습니다. 어떻게 한 시간을 걷고도 의미 있는 것을 하나도 발견하지 못하는 것일까요? 나는 눈이 보이지 않지만 숲에서 수백 가지를 발견합니다. 나뭇잎의 섬세한 대칭, 매끄러운 자작나무 껍질, 거칠고 텁수룩한 소나무 껍질...... 아, 만약 내가 3일간이라도 눈을 뜰 수 있다면, 보게 되었을 것들이여!

앞서 소개한 바 있는 매티도 심안의 중요성을 떠올리게 해 주는 일화를 남겼다. 어느 날 매티는 윈프리가 휴가를 즐기고 있을 때 전화를 걸어 "혹시 오늘 독서를 했나요?"라고 물었다. 그러자 윈프리는 "그럼, 나는 오후 내내 독서를 했어. 그리고 나무 아래에서 잠이 들었어."라고 답했다. 그때 그는 다음과 같이 말했다. "저도 오늘 독서를 했어요. 그런데 지금 해가 지고 있어요. 하늘이 오렌지색과 보랏빛으로 물들었어요. 지금 이 석양을 거기로 보낼게요. 아줌마가 있는 그곳으로......" 이 일화를 전하면서 윈프리는 그때 매티가 "정말 사랑스럽게 느껴졌다."라고 소개하였다.[22]

우리가 신이 아닌 이상 자신이 바라보는 노을을 다른 사람이 있는 곳으로 옮겨 놓는 것은 불가능하다. 하지만 윈프리가 소개했던 것처럼, 우리는 다른 사람이 마치 자신과 똑같은 노을을 바라본 것처럼 느끼거나 혹은 실제로 똑같은 노을을 감상할 때보다도 더 큰 감동을 타인에게 전하는 것은 가능하다. 이것이 바로 심안, 즉 마음의 눈으로 바라본 세계인 것이다. 작가인 헤르만 헤세(Hermann Hesse)는 다음과 같이 노래하였다. "우리는 우리와 닮은 것을 사랑한다. 그리하여 바람이 모래 속에 써 놓은 것을 이해한다."[23]

미주

1) 안도현(1996). 연어. 서울: 문학동네. pp. 56-57.

2) Shakespeare, W. Romeo and Juliet. Scene II. Capulet's orchard.

3) Vaillant, G. E. (2008). *Spiritual evolution*. p. 101.

4) Tolstoy, L. (1904). *Childhood, Boyhood, Youth*. New York: Scribner. p. 109.

5) Vaillant, G. E. (1997). *The wisdom of the ego*. pp. 344-353.

6) Saint-Exupéry, A. (2000). *The little prince* (R. Howard trans.). New York: Harvest Books.

7) 로버트 저메키스(1994). 포레스트 검프 DVD. 파라마운트.

8) 미치 엘봄(1998). 모리와 함께 한 화요일. p. 222.

9) Sichel, M. (2011). The therapist is in: What I know about therapy. *Psychology Today, March*.

10) Ickes, W. (2003). *Everyday mind reading: Understanding what other people think and feel*. Amherst, NY: Prometheus Books. pp. 13-18.

11) Vaillant, G. E. (2008). *Spiritual evolution*. pp. 2-3.

12) 캘빈 밀러(2007). 포기하는 삶의 즐거움(홍종락 역). 서울: 요단. p. 31.

13) Duckworth, A. L., Peterson, C., Matthews, M. D., & Kelly, D. R. (2007). "Grit: Perseverance and passion for long-term goals." *Personality Processes and Individual Differences, 92*(6), p. 1087.

14) 헬렌 S. 정(2011). 인라이어. pp. 21-47.

15) 데즈먼드 모리스(2001). 털 없는 원숭이(김석희 역). 서울: 영언. pp. 45-66.

16) 조세핀 킴(2011). 우리 아이 자존감의 비밀. p. 221.

17) Gilbert, D. (2006). *Stumbling on happiness*. pp. 111-126.

18) 이재규 편저(2010). 무엇이 당신을 만드는가. 고양: 위즈덤하우스. p. 35.

19) Levitin, D. (2006). *This is your brain on music: The science of a human obsession*. New York: Penguin.

20) Weingarten, G. (2007, April 8). Pearls before breakfast, *Washington Post*.

21) Keller, H. (1933). Three days to see. *The Atlantic Monthly, Jan*.

22) The Oprah Winfrey show: 20th anniversary DVD Collection. 2005.

23) 헤르만 헤세(1989). 나비(홍경호 역). 서울: 범우사. p. 119.

맺음말

프랑스의 팬터마임 배우인 마르소(Marceau)는 웃는 얼굴의 가면을 쓰고 매우 재미있는 코미디 공연을 한다.[1] 공연을 시작한 지 1분쯤 지나 그가 가면을 벗으려 해도 가면은 들러붙어 떨어지지 않는다. 가면에서 벗어나려고 몸부림쳐도 웃음은 그의 얼굴에 계속 붙어있다. 마침내 그는 털썩 주저앉아 포기해 버리고 그의 인조웃음은 붙은 채로 남겨진다.

어떤 의미에서 인간의 삶에서 고통은 마치 그림자와 같은 속성이 있어서 그것으로부터 벗어나려 시도하는 것은 인조웃음 공연과 비슷한 결과를 낳게 된다. 비록 삶에서 고통을 없애는 것은 불가능할지라도 다행히 그러한 고통을 효과적으로 다룸으로써 행복감을 경험할 수 있도록 돕는 방법은 존재한다. 지금까지 살펴본 행복기제가 바로 그것이다.

지금까지 소개한 것처럼 행복기제를 지혜롭게 활용할 경우, 우리는 염세주의 철학자 쇼펜하우어(Schopenhauer)가 제안한 행복의 딜레마 문제('초원의 양')를 해결할 수 있을 것으로 보인다. 하지만 행복기제를 활용하려고 시도해 보는 것과 진정으로 실행에 옮기는 것은 다른 것이다.

스탠퍼드 대학의 기계공학 전공 교수인 로스(Roth)는 강의 중에 흥미로운 실험을 하는 것으로 알려져 있다.[2] 그는 강의 도중에 학생 한 명을 지목해 앞으로 나오라고 한 다음에 자신의 손 안에 있는 물병을 '빼앗으려고 시도해 보라.'고 말한다. 로스는 그 물병을 꽉 쥐고 있기 때문에 학생은 처음에는 좀처럼 그것을 빼앗지 못하고 실패하게 된다. 하지만 그다음에 '전력을 다해 빼앗아 보라.'고 말하면 학생은 여러 차례의 시행착오 끝에 결국 물병을 빼앗는 데 성공한다. 이 실험의 교훈은 무엇을 '시도해 보는 것'과 실제로 '실행하는 것' 간에는 중요한 차이가 있다는 점이다.

일반적으로 사람들은 자신이 충분히 행복하지 못한 이유가 자신이 원하는 소망을 이루지 못했기 때문이라고 오해하는 경향이 있다. 하지만 인간의 삶에서 중요한 원리 중 하나는 자신이 원하는 것을 달성하지 못했다고 해서 행복해질 수 없는 것은 아니라는 점이다. 이런 점에서 희망과 소망이 서로 다른 것이라는 점을 깨닫는 것은 매우 중요하다.

소망은 사람들이 이루어지기를 바라는 것으로서 사람들은 저마다 서로 원하는 것이 다르다. 사실상 삶에서 소망은 이루어지는 것보다는 이루어지지 않는 것이 압도적으로 더 많다고 할 수 있다. 반면에 인간의 삶에서 희망은 단 한 가지 형태로만 존재하는 것이다. 그것은 바로 자신의 삶이 살 만한 가치가 있다고 믿느냐 아니면 살 만한 가치가 없다고 느끼느냐 하는 점이다. 희망을 잃는 순간 인간의 삶은 무너져 내리기 시작한다. 만약 멘탈 휘트니스 프로그램이 사람들의 소망의 문제를 해결하고자 시도한다면, 사실상 사람들을 위해서 해 줄 수 있는 일은 거의 존재하지 않을 것이다. 하지만 정신건강의 관점에서 본다면 다행스럽게도 사람들은 소망이 좌절된 상황 속에서도 얼마든지 현실 속에서 행복을 추구하는 것이 가능하다. 지금까지 살펴본 것처럼, 행복기제는 바로 그 역할을 해 줄 수 있다.

리차드 파인만(Richard P. Feynman)은 다음과 같은 유명한 말을 남겼다. "당신이 양자론을 이해한다고 생각한다면 당신은 양자론을 이해하지 못한 것이다."[3] 행복의 문제에 대해서도 마찬가지 주장이 가능할 수 있다. 이런 점에서 어쩌면 행복의 비결은 언어의 형태로 책 속에 담을 수 있는 성격의 것이 아닐지도 모른다. 하지만 설사 그것이 사실이라 할지라도, 지금까지 이 책에서 소개했던 사례들에서 얻을 수 있는 교훈마저 배척할 필요는 없을 것이다.

이 책 속에는 수많은 행복의 대가들의 행적이 담겨 있다. 불의의 사고로 화상을 입은 재키(Jacqui), 탐험가인 섀클턴(Ernest Shackleton), 아우슈비츠 수용소에서 노예 생활을 했던 케르테스(Imre Kertész), 하버드 대학 교수인 진서(Hans Zinsser), 콘필드(Jack Kornfield)의 피해자 어머니, 모리(Morrie) 교수, 매티 스테파닉(Mattie Stepanek), 드러커(Peter Drucker) 교수, 마이클 조던(Michael Jeffrey Jordan), 헬렌 켈러(Hellen Keller). 중요한 것은 이들이 모두 실제 인물들이라는 점이다. 이 책의 내용 중 행복기제를 포함해 이론적인 개념 모두를 배척하는 사람조차도, 이들이 우리가 뒤따를 수 있도록 행복의 발자취를 남겨 두었다는 사실만큼은 그 누구도 부인하지 못할 것이다.

마지막으로 바람의 글을 남기는 것으로 행복을 위해 떠나온 이 기나긴 여정을 마무리할까 한다. 작가 에머슨(Ralph W. Emerson)은 "내가 할 수 있는 것을 할 수 있게 만들어 주는 사람이 진정한 친구다."[4]라고 말했다. 부디 이 책이 세상 사람들에게 바로 그러한 친구의 역할을 할 수 있기를 바란다.

미주

1) 클로테르 라파이유(2007). 컬처코드: 세상의 모든 인간과 비즈니스를 여는 열쇠(김상철 역). 서울: 리더스북. p. 138.

2) 티나 실리그(2010). 스무살에 알았더라면 좋았을 것들(이수경 역). 서울: 엘도라도. p. 224.

3) 리차드 도킨스(2007). 만들어진 신. p. 560.

4) 맥 앤더슨(2007). 행복한 명언가게. p. 160.

찾아보기

저자 소개

고영건

미국 예일 대학교 심리학과 박사후 연구원
고려대학교 행동과학연구소 연구원
고려대학교 학생상담센터 상담원 및 슈퍼바이저
고려대학교 심리학과 및 교육대학원 강사
삼성서울병원 정신과 임상심리 레지던트
현 고려대학교 심리학과 부교수, 고려대학교 학생상담센터장

주요 저서
임상심리학(공저, 시그마프레스, 2002)
인디언기우제(정신세계원, 2007)
심리학적인 연금술(공저, 시그마프레스, 2007)
이상심리학(공저, 학지사, 2008)

김진영

고려대학교 BK21 산학협력단 연구교수
미국 예일 대학교 의과대학 소아과 박사후 연구원
미국 예일 대학교 심리학과 PACE 센터 박사후 연구원
고려대학교 학생상담센터 상담원 및 상담슈퍼바이저
고려대학교 심리학과 강사
고려대학교 구로병원 신경정신과 임상심리 레지던트
현 서울여자대학교 아동학과 조교수

주요 저 · 역서
심리치료: 절충-통합적 접근(공역, 정민사, 2000)
임상심리학(공저, 시그마프레스, 2002)
이상심리학(공저, 학지사, 2008)
성격의 자화상(공역, 학지사, 2008)

멘탈 휘트니스 긍정심리 프로그램

2012년 6월 20일 1판 1쇄 발행
2020년 4월 20일 1판 4쇄 발행

지은이 • 고영건 · 김진영

펴낸이 • 김 진 환
펴낸곳 • (주) 학지사
04031 서울특별시 마포구 양화로 15길 20 마인드월드빌딩 5층
대표전화 • 02) 330-5114 팩스 • 02) 324-2345
등록번호 • 제313-2006-000265호
홈페이지 • http://www.hakjisa.co.kr
페이스북 • https://www.facebook.com/hakjisabook

ISBN 978-89-6330-919-4 93180

정가 10,000원